ESCAPE BOOK JUNIOR

UNE SAISON AU

ZOO

ANIMAUX EN DANGER !

CINQ MISSIONS POUR LES SAUVER

VALÉRIE CLUZEL

LAROUSSE

Direction de la publication : Carine Girac-Marinier
Direction éditoriale : Julie Pelpel-Moulian
Édition : Juliette Caussé, Célia Reynaud
Direction artistique : Uli Meindl
Texte et énigmes : Valérie Cluzel
Mise en pages : SKGD-Création
Fabrication : Ombeline Canaud
Relecture-correction : Marie-Lou Copin
Cartographie : Nadine Martrès

Avec l'aimable participation de France Télévisions, Banijay Productions et du Zoo de La Flèche.

ISBN : 978-2-03-600502-0

Crédits
France Télévisions, Banijay Productions et Paul Rodrigues : logo « Une Saison au Zoo »
Éléments de maquette et images : © Fotolia.com, © Shutterstock.
P. 104 : Zoo de la Flèche

SOMMAIRE

Groenland
Méridien de Greenwich
Cercle polaire arctique
AMÉRIQUE DU NORD
EUROPE
Océan Atlantique
Tropique du Cancer
AFRIQUE
AMÉRIQUE CENTRALE
Équateur
AMÉRIQUE DU SUD
Océan Pacifique
Océan Atlantique
Tropique du Capricorne
glace et neige
toundra
végétation de haute montagne
forêt de conifères ou de feuillus
régions agricoles
steppe
désert
forêt claire et savane
forêt dense

PLANISPHÈRE

MIEUX CONNAÎTRE POUR MIEUX PROTÉGER

Si les parcs zoologiques sont longtemps restés des espaces uniquement dédiés à la promenade et au divertissement, ils sont aujourd'hui devenus de véritables ambassades de la nature où l'on admire plus que jamais la beauté du monde animal ! Ce sont aussi des lieux où le public s'informe sur la cause animale et les dangers qui la menacent. Les parcs zoologiques sont ainsi devenus des acteurs majeurs de la préservation de la biodiversité et de la conservation des espèces animales.

Les missions du zoo

Fondé en 1946, le Zoo de La Flèche est aujourd'hui considéré comme l'un des premiers parcs zoologiques français par son dynamisme, ses innovations et la qualité des environnements dédiés aux animaux. Chaque jour, les équipes s'efforcent de faire du zoo un magnifique espace de convivialité, de découverte, d'émerveillement et de sensibilisation aux enjeux de la conservation de la biodiversité.

Le zoo a quatre missions : l'**éducation** et le **divertissement** du public grâce aux spectacles et aux animations qui enrichissent le quotidien des animaux, la **conservation** des espèces et la **recherche**.

Ces deux derniers points sont très importants car de nombreuses menaces pèsent aujourd'hui sur les animaux : dégradation de leur milieu naturel, déforestation, pollution, réduction de l'espace et des ressources alimentaires, chasse, braconnage et trafic. Plus que jamais, nous devons tous nous mobiliser pour protéger et conserver notre maison commune qu'est la Terre. Le zoo met ainsi en pratique sa devise : « Mieux connaître pour mieux protéger ! »

Qu'est-ce que la conservation ?

La conservation de la biodiversité est, avec l'éducation à l'environnement, la raison d'être des zoos. Elle se concrétise par la mise en place de programmes d'élevage au sein du parc et par des missions de soutien aux associations qui œuvrent à la préservation de la nature sur le terrain.

Les programmes d'élevage

Le nombre d'espèces animales menacées d'extinction grandit de jour en jour. C'est pourquoi des programmes d'élevage et de conservation ont été créés en Europe : environ 300 parcs zoologiques européens permettent aujourd'hui de protéger plus de 200 espèces animales menacées.

Ces programmes favorisent la reproduction des animaux afin de maintenir des populations saines, de préserver les espèces et leur offrir un avenir. Certains de ces animaux ont ainsi pu être réintroduits dans leur habitat naturel et certaines espèces, comme le tamarin lion doré, ont même été sauvées de l'extinction !

Depuis 1989, le Zoo de La Flèche participe à plus de 40 programmes de ce type. Parmi les espèces les plus emblématiques, le zoo accueille des ours polaires, des tigres de Sumatra, des manchots de Humboldt, des guépards, des varis noir et blanc, des gibbons concolores, des éléphants d'Afrique, des pandas roux et bien d'autres encore... Plus de 100 naissances ont lieu chaque année, dont une vingtaine parmi les espèces menacées !

Cyril, vétérinaire au Zoo de La Flèche

Au zoo, mon rôle de vétérinaire est avant tout de garantir la bonne santé et le bien-être des animaux. Mais il ne s'arrête pas là : je partage aussi mes connaissances et je viens en appui auprès des personnes qui travaillent là où la nature est en danger.

Ce que j'ai appris et ce que j'apprends au quotidien auprès des animaux du parc m'est très utile pour m'occuper d'animaux sauvages dans la nature ! Soigner un bonobo orphelin au Congo, endormir un phoque en Bretagne pour l'équiper d'un petit GPS qui nous permettra de suivre ses déplacements, ou partir à la rencontre de scientifiques qui protègent les gibbons au Laos, voici quelques-unes des actions que je peux mener grâce à mon travail. Je suis également un témoin. Sur place, je comprends mieux les difficultés et les enjeux auxquels doivent faire face les associations. De retour au zoo, je peux ainsi mettre en place les actions les plus appropriées pour leur venir en aide et témoigner de leur incroyable travail auprès de notre public.

Le mot de la directrice

Céline Talineau est la directrice du Zoo de La Flèche depuis 2018. Elle succède à Stéphane Da Cunha qui a considérablement développé le parc, notamment en matière de conservation des espèces menacées.

Le Zoo de La Flèche écrit actuellement l'une des pages les plus passionnantes et les plus stimulantes de son histoire. Cette histoire est avant tout une histoire de femmes et d'hommes animés d'une passion commune et désireux d'atteindre l'excellence dans l'accomplissement des missions du parc : émerveillement des visiteurs, éducation, recherche et conservation.

« Une saison au zoo » témoigne aujourd'hui de notre souci permanent du bien-être de nos pensionnaires et de notre implication sans faille dans la préservation de la biodiversité, menacée de toutes parts.

À travers les projets qu'il porte, notre zoo fait maintenant un pari pour l'avenir : celui que notre créativité, nos valeurs de générosité et de solidarité, d'altruisme et d'optimisme, d'engagement total aux côtés des acteurs de la conservation, touchent le jeune public, cette génération qui demain aura la lourde responsabilité de soigner, préserver et protéger notre si belle planète.

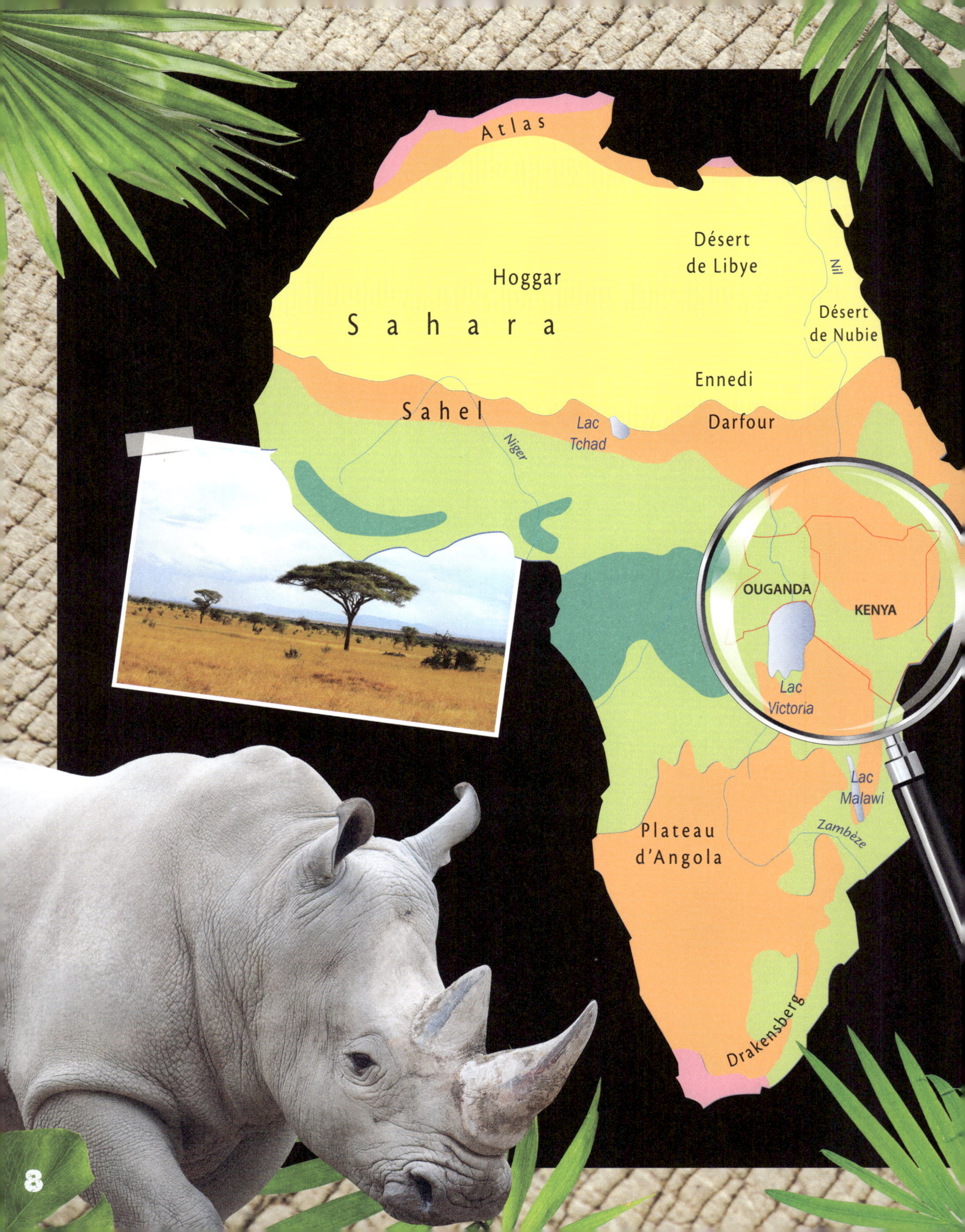
Atlas
Hoggar
Désert de Libye
Nil
Sahara
Désert de Nubie
Ennedi
Sahel
Lac Tchad
Darfour
Niger
OUGANDA
KENYA
Lac Victoria
Lac Malawi
Zambèze
Plateau d'Angola
Drakensberg

Au secours des rhinocéros blancs !

Tu es stagiaire du Zoo de La Flèche depuis déjà quelques semaines et tu es si passionné par ton travail ici que tout le monde a remarqué ton investissement, même la directrice ! Elle te convie dans son bureau aujourd'hui pour te donner une mission.

« Nous avons eu un appel de la réserve de Ziwa, en Ouganda. Deux rhinocéros blancs ont disparu ! Les gardiens ont trouvé une brèche dans la clôture électrique qui entoure le parc naturel. Je leur ai proposé notre aide pour enquêter sur place. Cyril, le vétérinaire du zoo, et Sabrina, la soigneuse des rhinocéros, sont déjà du voyage et j'aimerais qu'une troisième personne les accompagne. J'ai donc pensé à toi. »

Le départ est prévu dans trois jours.
Profite du temps qu'il te reste ici pour en apprendre plus sur le rhinocéros blanc, le plus gros mammifère terrestre après l'éléphant. Résous les premières énigmes. Elles te permettront de compléter la fiche d'identité de cet animal. Attention à ne pas te tromper, tu pourrais en avoir besoin durant ton aventure.

C'est parti !

FICHE D'IDENTITÉ

Nom commun : rhinocéros blanc

Nom latin : ceratotherium simum

Espèce/Famille : Rotididés

Classe : mammifère

Taille moyenne (au garrot) : 1,7 m

Poids moyen : 2,5 tonnes

Signe distinctif : ....

Vitesse maximale : 50 km/h

Habitat : savane africaine, près des points d'eau

Régime alimentaire : Herbivore

Comportement : calme en dehors des périodes de reproduction. Les mâles sont plutôt solitaires tandis que les femelles et les petits vivent en troupeaux d'une quinzaine d'individus.

Cri : barrissement

Jour 1

IL N'Y A PAS DE RHINOCÉROS BLANC AU ZOO DE LA FLÈCHE MAIS SEULEMENT DEUX RHINOCÉROS INDIENS, BYS ET BALI. TU REJOINS LEUR ENCLOS.

L'UN DES PANNEAUX EXPLICATIFS, QUI DÉCRIT PLUSIEURS ESPÈCES DE RHINOCÉROS, ATTIRE TON ATTENTION.

OBSERVE CETTE PHOTO DE RHINOCÉROS BLANCS ET ENTOURE LEUR RÉGIME ALIMENTAIRE.

CHAROGNARD

HERBIVORE

CARNIVORE

GRANIVORE

OMNIVORE

Remplis ta fiche en page 10.

Jour 2

AUJOURD'HUI, TU DONNES UN COUP DE MAIN À SABRINA POUR NOURRIR BYS ET BALI. ELLE T'APPREND BEAUCOUP DE CHOSES SUR LES RHINOCÉROS.

COLORIE TOUS LES MOTS DE LA LISTE DANS CETTE GRILLE. À LA FIN, UTILISE LES LETTRES RESTANTES DANS L'ORDRE POUR OBTENIR LE SIGNE DISTINCTIF DES RHINOCÉROS BLANCS.

- AFRIQUE
- ALIMENTATION
- ANIMAL
- BLANC
- ~~CALME~~
- COMPORTEMENT
- ÉMUE
- FAMILLE
- FEMELLE
- GROUPE
- INDIVIDU
- MÂLE
- MAMMIFÈRE
- PEAU
- PETIT
- POIDS
- REPRODUCTION
- RHINOCÉROS
- SAVANE
- TERRITOIRE
- TROUPEAU

F	C	O	M	P	O	R	T	E	M	E	N	T
R	A	D	A	E	U	H	X	E	A	C	U	O
E	R	M	N	N	E	I	S	R	M	S	D	U
P	P	N	I	E	B	N	A	I	M	A	I	G
R	P	E	M	L	E	O	V	O	I	F	V	R
O	T	I	A	T	L	C	A	T	F	R	I	O
D	E	N	L	U	E	É	N	I	È	I	D	U
U	C	A	L	M	E	R	E	R	R	Q	N	P
C	T	U	S	D	I	O	P	R	E	U	I	E
T	P	E	T	I	T	S	N	E	E	E	L	G
I	U	A	E	P	U	O	R	T	R	Â	A	N
O	F	E	M	E	L	L	E	U	M	É	D	E
N	A	L	I	M	E	N	T	A	T	I	O	N

SIGNE DISTINCTIF :

____ ______, ___ ______
__ ___ ______.

Remplis ta fiche en page 10.

Jour 3

TU VAS BIENTÔT T'ENVOLER POUR L'OUGANDA ! C'EST LA VEILLE DU DÉPART, SABRINA TE POSE UNE DRÔLE DE DEVINETTE POUR T'AIDER À COMPLÉTER LA FICHE.

RÉSOUS CE RÉBUS POUR TROUVER LE NOM DE LA FAMILLE À LAQUELLE APPARTIENNENT LES RHINOCÉROS !

LES RHINOCÉROS SONT DES MAMMIFÈRES APPARTENANT À LA FAMILLE DES :

R H I N O C É R O S I D E S

Remplis ta fiche en page 10.

Jour 4

SABRINA, CYRIL ET TOI VOUS ENVOLEZ POUR L'OUGANDA. VOUS ATTERRISSEZ TROP TARD POUR ALLER DIRECTEMENT À LA RÉSERVE DE ZIWA.

VOUS VOUS ARRÊTEZ DONC DANS UN HÔTEL DE LA VILLE DE KAMPALA. AVANT DE VOUS COUCHER, VOUS REGARDEZ L'ITINÉRAIRE POUR REJOINDRE LA RÉSERVE.

AIDE-TOI DES INDICATIONS POUR TROUVER DANS QUELLE CASE ELLE SE CACHE.

PARS DE G6 ET VA DEUX CASES VERS LA DROITE. MONTE ALORS DE QUATRE CASES ET VA CINQ CASES VERS LA GAUCHE. DESCENDS DE TROIS CASES ET VA UNE CASE VERS LA DROITE. MONTE DE DEUX CASES, VA ENCORE UNE CASE SUR LA DROITE ET DESCENDS D'UNE CASE. LA RÉSERVE EST ICI.

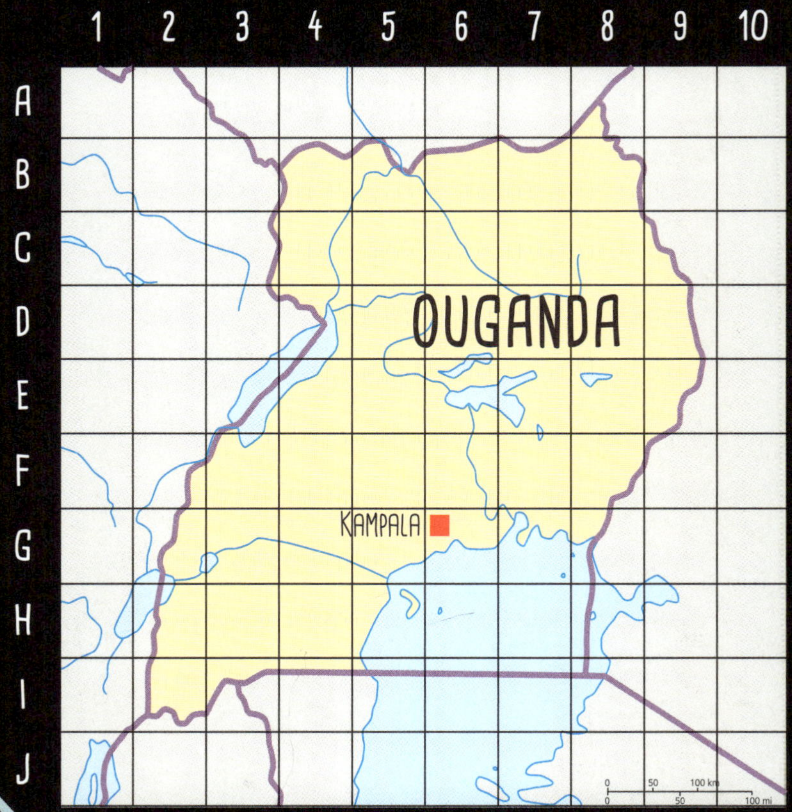

Jour 5

Vous mettez un peu plus de trois heures pour rejoindre la réserve de Ziwa. Deux rangers, gardiens du parc naturel, vous accueillent à l'entrée.

Ils sont armés et vous expliquent qu'ils n'ont pas le choix : c'est au péril de leur vie qu'ils protègent les rhinocéros contre les braconniers (des chasseurs qui tuent illégalement des animaux sauvages). Les rangers parlent très vite et tu ne comprends pas tout.

Numérote ces mots dans le bon ordre pour former une phrase.

Jour 6

Les deux rangers vous ont fait faire un tour dans la réserve hier, et vous avez rencontré leurs collègues qui se relaient pour surveiller le parc.

Aujourd'hui, ils vous emmènent jusqu'à la clôture endommagée. Contre toute attente, elle ne semble pas avoir été coupée depuis l'extérieur, mais arrachée de l'intérieur ! Cyril pense que c'est un rhinocéros qui a fait ça, mais Sabrina en doute.

Sers-toi des indications et de ta fiche d'identité P.10 pour compléter cette formule et découvrir qui a raison.

1· Commence par convertir le poids du rhinocéros en kg et sa vitesse en m/s :
1 tonne = 1 000 kg ....
100 km/h = 28 m/s ....

2· Complète ensuite la formule colorée avec les bons chiffres.

3· Pose d'abord l'opération entre parenthèses, puis celle entre crochets. Résous ensuite le calcul en entier.

4· Si le résultat de la formule est supérieur à 10 000, ça ne peut pas être un rhinocéros.

[Moitié du poids du rhinocéros en kg
× (vitesse du rhinocéros en mètres par seconde
× vitesse du rhinocéros en mètres par seconde)]
÷ distance en mètres = force

[☐☐☐☐ × (☐☐ × ☐☐)] ÷ 100

= ....

Jour 7

AVEC LES DEUX SOIGNEURS, VOUS AVEZ PASSÉ LA SOIRÉE À RÉFLÉCHIR. POURQUOI UN RHINOCÉROS AURAIT-IL FONCÉ DANS LA BARRIÈRE ?

SELON SABRINA, L'ANIMAL NE CHARGE QUE RAREMENT, LORSQU'IL SENT QUE SON PETIT EST EN DANGER PAR EXEMPLE. IL N'A AUCUNE RAISON DE FONCER DANS UNE CLÔTURE. CE MATIN, CYRIL VOUS DIT QU'IL A UNE THÉORIE. IL DÉPOSE CE MESSAGE CODÉ SUR LA TABLE DU PETIT-DÉJEUNER.

DÉCRYPTE-LE VITE À L'AIDE DU TABLEAU.

17-21-5-12-17-21'21-14

....

1 16-21

....

4-18-15-7-21-5-18

....

12'1-14-9-13-1-12

....

4-5

....

12'9-14-20-5-18-9-5-21-18

....

4-21

....

16-1-18-3.

....

1	2	3	4	5	6	7	8	9
A	B	C	D	E	F	G	H	I
10	11	12	13	14	15	16	17	18
J	K	L	M	N	O	P	Q	R
19	20	21	22	23	24	25	26	
S	T	U	V	W	X	Y	Z	

Jour 8

Cyril pense que l'un des rangers pourrait avoir fait le coup. Hier, chacun de vous a surveillé leurs moindres faits et gestes.

Ce matin, tes collègues te proposent de regrouper vos informations pour trouver celui qui est le plus suspect, et qui pourrait en réalité être un braconnier !

Suis les indications et coche la case qui désigne le coupable.

- Le suspect n'a pas la peau blanche.
- Ce n'est pas une femme.
- Il ne porte pas de sac à dos.
- Il porte un chapeau.

Jour 9

LE TEMPS PASSE TRÈS VITE, ET VOUS DEVEZ VOUS DÉPÊCHER ! IL NE VOUS RESTE DÉJÀ PLUS QUE DEUX SEMAINES POUR RETROUVER LES RHINOCÉROS.

TANDIS QUE CYRIL ENQUÊTERA SUR LE RANGER SUSPECTÉ D'ÊTRE UN BRACONNIER, IL PROPOSE À SABRINA ET TOI D'ESSAYER DE RETROUVER LA TRACE DES RHINOCÉROS. VOUS PARTEZ EN 4 X 4 DANS LA BROUSSE.

INDIQUE À QUEL ANIMAL APPARTIENT CHAQUE EMPREINTE. AIDE-TOI DE LA BOUSSOLE ET TROUVE DANS QUELLE DIRECTION PARTENT CELLES DES RHINOCÉROS.

Jour 10

Ce n'est qu'au petit matin que vous tombez sur une grande bâtisse, en partie cachée sous des baobabs. Les traces des rhinocéros filent tout droit vers une gigantesque cage au rez-de-chaussée.

La soigneuse et toi vous jetez un regard inquiet, juste avant qu'un violent coup sur la tête ne te fasse tomber au sol. Tu te réveilles dans une pièce très sombre. Tes mains sont attachées à une chaise sur laquelle tu es assis. Sabrina est près de toi, encore évanouie.

Pour avancer discrètement ta chaise vers elle, ne passe que par les cases dont le résultat est impair.

→ 125 - 8	21 ÷ 3	64 ÷ 8	42 × 2	503 - 501
8 × 2	43 + 18	120 ÷ 10	81 ÷ 9	40 + 21 →
3 × 6	401 - 52	86 - 50	3 × 3	6 × 9
642 + 4	25 ÷ 5	986 + 7	39 - 22	24 ÷ 2
12 - 8	5 × 4	32 ÷ 8	40 - 30	435 + 13

Jour 11

Tu as pu réveiller la soigneuse et vous avez même réussi à vous libérer grâce au couteau que Sabrina avait caché dans sa chaussette.

Mais votre cellule est fermée à clé. En cherchant une autre issue, tu découvres des symboles sur le mur, surmontés d'une énigme gravée sur une poutre.

Résous-la et entoure le symbole correspondant.

JE N'AI TROUVÉ QU'UN MOYEN DE M'ÉCHAPPER.
UN INTRUS SE CACHE PARMI CES OBJETS.

Jour 12

Tu appuies sur le symbole et une trappe s'ouvre au plafond. Sabrina et toi vous retrouvez sur le toit du bâtiment.

En contrebas, vous apercevez deux hommes armés juste devant la cage des rhinocéros, et au loin, la camionnette des rangers de la réserve. Vous devez les prévenir avant qu'ils ne se fassent avoir comme vous ! Tu trouves un morceau de miroir et l'utilises pour coder un message lumineux en morse.

Déchiffre vite la réponse des rangers.

A ·–	B –···	C –·–·	D –··	E ·
F ··–·	G ––·	H ····	I ··	J ·–––
K –·–	L ·–··	M ––	N –·	O –––
P ·––·	Q ––·–	R ·–·	S ···	T –
U ··–	V ···–	W ·––	X –··–	Y –·––
		Z ––··		

Jour 13

Les rangers ont attendu la nuit avant d'attaquer. Ce matin, à l'aube, Cyril vient enfin vous ouvrir la porte.

Mais les rhinocéros sont en danger. Deux braconniers ont réussi à s'échapper en les emportant dans un camion, dont le ranger de la réserve que vous suspectiez, et qui s'avère faire partie de leur groupe. Heureusement, tu découvres une lettre dans le bâtiment.

Certaines lettres attirent tout de suite ton attention : c'est peut-être un indice sur leur destination. Décrypte l'ordre donné aux braconniers par leur chef, Bomani.

Mes amis,
Comme vous le savez, j'ai pu vendre une nouvelle corne de rhinocéros **À** un riche financier chinois il y **A** quelques **M**ois. Mais sa fille ne va pas mi**E**ux. Une aubai**N**e pour nous ! Car le médecin de la famill**E** lui a recommandé de continuer son t**R**aitement à base de poudre de corne de rhinocéros. Il m'en a donc commandé deux supplémentaires. J'ai réussi **À** faire grimper le prix à 250 000 $ la cor**N**e. Je compte sur vous pour me trouver deux **A**utres cornes au plus v**I**te. En cas de pépin, vous savez où liv**R**er la marchandise enc**O**re entière.
En vous souhaitant **B**onne chance !
Votre dévoué Boman**I**.

Message caché :

☐ ☐☐☐☐☐☐ ☐ ☐☐☐☐☐☐☐

Jour 14

Aujourd'hui, vous vous retrouvez tous les trois à Nairobi, la capitale du Kenya, accompagnés de deux rangers de la réserve de Ziwa.

L'un d'eux pense savoir où trouver les deux rhinocéros. Discrètement, il vous tend un carnet dans lequel il a dessiné des animaux.

Classe-les du plus grand au plus petit pour obtenir deux mots.

Les rhinocéros doivent être au :

Jour 15

Vous êtes de plus en plus inquiets pour les rhinocéros. Pourvu que vous arriviez à temps ! Le lieu que vous recherchez n'est pas facile à trouver.

Aide Cyril et Sabrina à le localiser en repérant le chemin le plus court. Entoure la lettre correspondante.

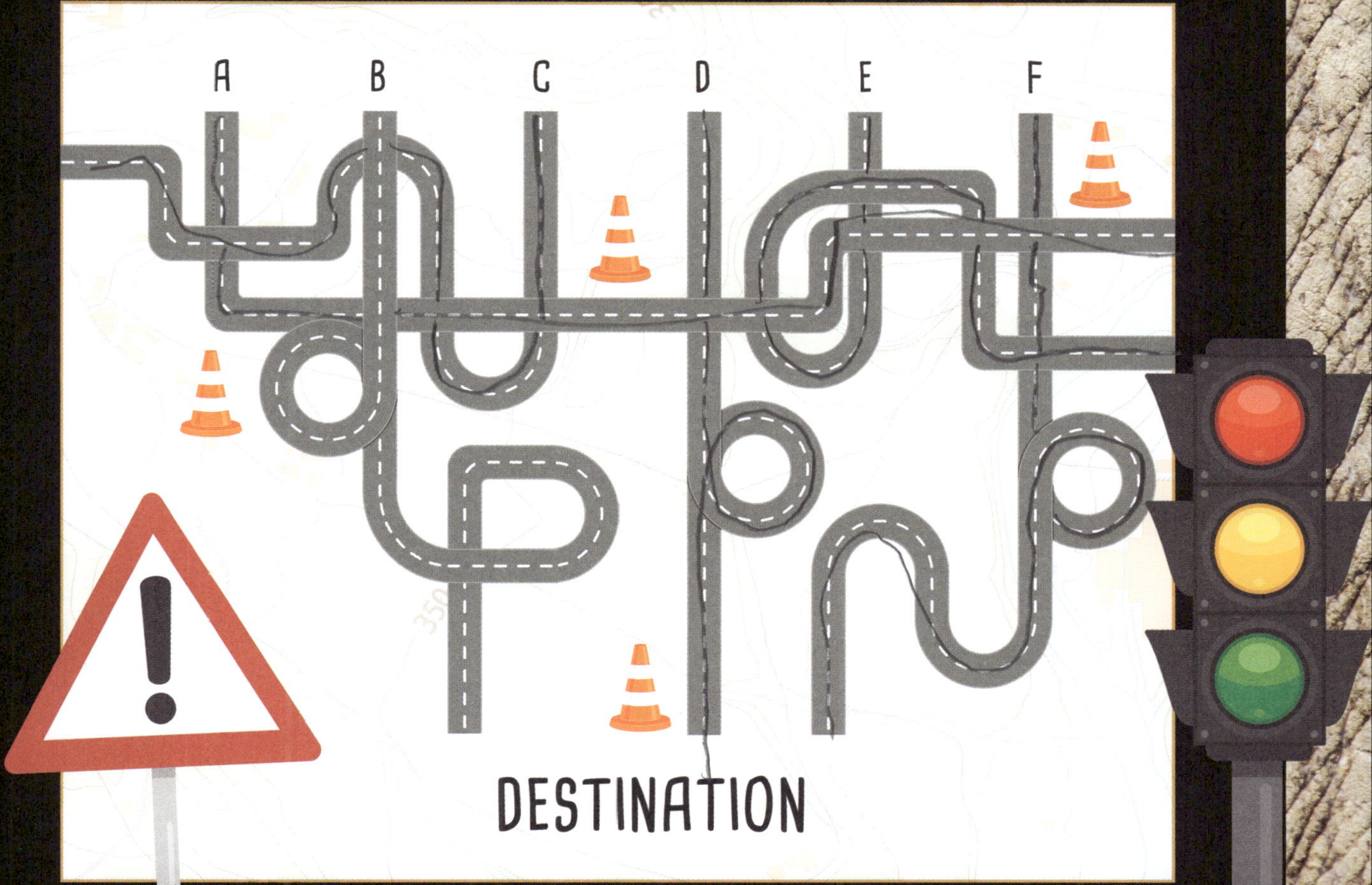

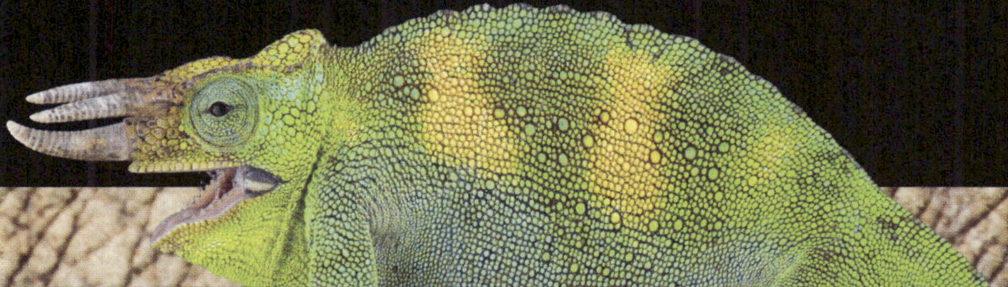

Jour 16

Le matin, vous échafaudez un plan : Sabrina propose que vous alliez tous les deux chercher discrètement les animaux. Pendant ce temps, Cyril et les rangers feront diversion auprès des braconniers qui les surveillent.

Vous vous faufilez jusqu'à la cage, mais vous y découvrez deux couples de rhinocéros. Sept éléments t'aideront à les différencier.

Repère les 7 différences puis aide-toi de ta fiche d'identité p.10 pour deviner quel couple de rhinocéros est celui des rhinocéros blancs.

Jour 17

Hier, Sabrina et toi avez pu approcher les rhinocéros et voir que leurs cornes n'avaient heureusement pas encore été coupées.

Mais vous n'avez pas réussi à trouver le moyen de les faire sortir discrètement. De son côté, Cyril a pu voler une nouvelle lettre de Bomani aux braconniers. Il te demande si tu y comprends quelque chose.

Décrypte-la !

Mes amis,

J'ai appris que mes deux rhinocéros étaient arrivés à bon port. Bien joué !

Rejoignez-moi À lA TÉROORP demain à 8 h pour recevoir votre paiement.

Bomani

Le RDV est :

_ L' _ _ _ _ _ _ _ _

Jour 18

C'est une occasion inespérée ! Vous appelez la police et à 7 h, les deux rangers filent au rendez-vous pour tendre un piège aux braconniers et à leur patron.

Quant à Cyril, Sabrina et toi, vous en profitez pour tenter de sauver les rhinocéros. Le vétérinaire a loué un camion pour l'occasion. Arrivés près du marché noir, vous essayez d'imiter le cri des rhinocéros pour les attirer.

Observe les formes des pièces et recompose ce puzzle en reportant les lettres. Ainsi, tu pourras délivrer les animaux !

Indice : si tu veux, tu peux t'aider du nom du cri noté sur ta fiche d'identité p. 10.

Jour 19

Ça y est, Cyril, Sabrina et toi êtes installés les uns à côté des autres sur la banquette avant du camion, un sourire aux lèvres. Vous avez réussi !

Les rhinocéros sont dans la remorque et vous êtes en route pour la réserve de Ziwa. Cyril reçoit soudain un SMS d'un des rangers restés à Nairobi. Il te demande de le lire puisqu'il conduit, mais tu ne comprends rien, on dirait bien qu'il est codé.

Décode-le.

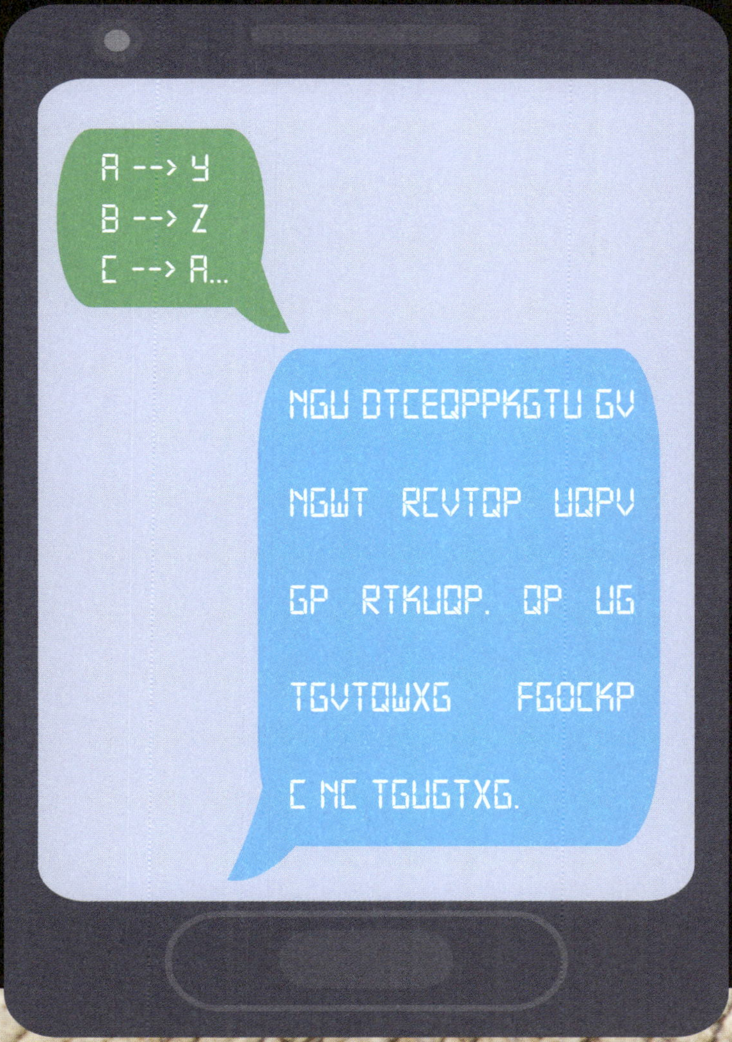

Jour 20

Vous relâchez les rhinocéros blancs dans la réserve pour qu'ils se remettent de leurs émotions. Tu prends plusieurs photos en souvenir de ce palpitant voyage. Les deux rangers sont rentrés du Kenya. Vous passez votre dernière journée à les aider à réparer la clôture.

Trouve logiquement où doit se placer chaque fil de fer grâce aux indications.

- Le fil en cuivre (orange) doit aller juste à droite du fil gris clair.
- Le doré est à une extrémité.
- Le fil gris foncé est à côté du fil doré.
- Le noir est le seul à ne pas changer de place.

L'ordre des fils est :

Jour 21

C'EST LE JOUR DU DÉPART. CYRIL ET TOI RENTREZ EN FRANCE EN AVION. LE SOIR, LE VÉTÉRINAIRE DÉCIDE DE TE POSER UNE PETITE DEVINETTE AVANT DE RENTRER CHEZ LUI.

RÉSOUS-LA.

1. À LEUR EXTRÉMITÉ SE TROUVENT LES MAINS.
2. LE PETIT DE LA VACHE.
3. SYNONYME DE « NOUS » EN DEUX LETTRES.
4. UN ENFANT LE RÉPÈTE QUATRE FOIS AVANT « NÈRE ».
5. DIMINUTIF DE « GARÇON ».

....GNÉ !

Quelques jours après votre retour au zoo, vous recevez des nouvelles de la réserve de Ziwa. Les rhinocéros vont bien, et la femelle attend même un petit !

La directrice vous félicite, vous avez accompli cette mission avec brio!

Orénoque
Plateaux des Guyanes
Amazone
Marañon
Purus
Madeira
Tapajós
Tocantins
San Francisco
Cordillère des Andes
Désert d'Atacama
Plateaux du Mato Grosso
Paraná
Uruguay
Pampa
Patagonie

SOS condors

Ce matin, tu te rends à l'enclos des rhinocéros indiens. Sabrina profite de ta visite pour t'informer que la directrice du zoo aimerait te voir.

Quand tu entres dans son bureau, la directrice t'adresse un grand sourire. « Nous venons d'avoir des nouvelles de la réserve de Ziwa. Tous les braconniers du réseau que vous avez découvert en Ouganda ont été arrêtés et des dizaines d'animaux libérés. Vous avez fait du bon travail ! D'ailleurs, j'ai une nouvelle mission pour Cyril et toi. »

Devant ton air ravi, la directrice t'en dit un peu plus.
« Une fondation de défense des condors des Andes, en Équateur, m'a contactée. Elle a besoin d'aide pour recenser les condors. Barbara, responsable des oiseaux du zoo, et Cyril sont déjà du voyage : j'aimerais que tu les accompagnes. Qu'en penses-tu ? »

Évidemment, tu acceptes !

TU AS ENCORE QUELQUES JOURS POUR TE PRÉPARER AU DÉPART. PROFITES-EN POUR TE RENSEIGNER SUR LE CONDOR DES ANDES. CE RAPACE EST UNE ESPÈCE MENACÉE EN ÉQUATEUR.
RÉSOUS LES PREMIÈRES ÉNIGMES POUR COMPLÉTER LA FICHE D'IDENTITÉ DE CET OISEAU : TU POURRAIS EN AVOIR BESOIN DANS LA SUITE DE TON AVENTURE.
BON COURAGE !

FICHE D'IDENTITÉ

Nom commun : condor des Andes

Nom latin : vultur gryphus

Espèce/Famille : cathartidé

Classe : oiseau

Taille moyenne (au garrot) : 1,1 m (........ m ailes déployées)

Poids moyen : .... kg pour les femelles, 13 kg pour les mâles

Signe distinctif : collerette blanche autour du cou, bec crochu, crête sur la tête pour le mâle et longues plumes espacées au bout des ailes.

Habitat : cordillère des Andes, en altitude

Régime alimentaire : ....

Comportement : il vit entre 3 000 et 5 000 m d'altitude. Il est souvent en vol plané et se nourrit des carcasses de différents animaux. Les condors des Andes vivent en groupe.

Cri : sifflement

Jour 1

Tu files donner un coup de main à Barbara au secteur des oiseaux du zoo. Tout en nettoyant les volières, vous discutez du voyage à venir.

Pour t'occuper durant ta pause déjeuner, Barbara te propose un petit jeu.

Complète cette grille et reporte les lettres obtenues dans les cases colorées pour découvrir le régime alimentaire du condor des Andes.

1. Mesure la hauteur d'une montagne.
2. Moment où un œuf s'ouvre (mot féminin).
3. Adjectif donné à la vue pour indiquer qu'elle est très bonne, comme celle du condor.
4. Ce qui recouvre le corps du condor et des oiseaux en général.
5. Lieu de vie du condor, au sens large.
6. Contraire de « petit ».
7. Le bec du condor a cette forme particulière (mot masculin).
8. Grande famille d'animaux dont le condor des Andes fait partie.

Remplis ta fiche en page 34.

Jour 2

Le jour suivant, Cyril te dit qu'il t'a préparé un petit quelque chose pour aiguiser tes neurones avant le départ.

Complète cette grille de sudoku de sorte qu'un même chiffre n'apparaisse qu'une fois par ligne, par colonne et par carré de 9 cases. Le chiffre obtenu dans la case jaune te permettra de compléter le poids moyen d'une femelle condor des Andes.

7		6		9	5	2		8
	3	5		1	8	6		7
8		2	7	6			3	5
3	6	4	1		7	8		
			4	3		1	7	2
2	7	1	8	5			6	4
	2	7		8	3	4	(case jaune)	1
4		3		7			2	6
1		9	6		2	7		

Remplis ta fiche en page 34.

Jour 3

C'EST LE GRAND JOUR ! DANS LE TAXI QUI VOUS EMMÈNE À L'AÉROPORT, TU POSES UNE DERNIÈRE QUESTION À BARBARA SUR LE CONDOR DES ANDES.

TU AS APPRIS QU'IL EST LE DEUXIÈME OISEAU LE PLUS GRAND DU MONDE APRÈS L'ALBATROS HURLEUR, MAIS TU NE CONNAIS PAS SA TAILLE LORSQUE SES AILES SONT DÉPLOYÉES. BARBARA TE RÉPOND PAR UNE ÉNIGME.

EN PARTANT DU POINT ROUGE, RELIE CHAQUE SYMBOLE À SON DOUBLE. TU OBTIENDRAS UN CHIFFRE.

Remplis ta fiche en page 34.

Jour 4

VOUS VOILÀ ARRIVÉS À QUITO, CAPITALE DE L'ÉQUATEUR. CARMEN, BÉNÉVOLE DE LA « FUNDACIÓN CÓNDOR ANDINO ECUADOR », VOUS ACCUEILLE.

ELLE VOUS PROPOSE DE PASSER UNE NUIT À QUITO POUR VOUS REPOSER. LE SOIR, TU LIS ATTENTIVEMENT TON GUIDE TOURISTIQUE SUR L'ÉQUATEUR.

RÉPONDS AUX QUESTIONS POUR TESTER TES CONNAISSANCES.

1. L'ÉQUATEUR SE TROUVE AU BORD DE L'OCÉAN ATLANTIQUE.
   - ☐ VRAI
   - ☐ FAUX

2. LEQUEL DE CES PAYS N'EST PAS FRONTALIER DE L'ÉQUATEUR ?
   - ☐ LA COLOMBIE
   - ☐ LE PÉROU
   - ☐ L'ARGENTINE

3. LES ÎLES GALAPAGOS FONT PARTIE DE L'ÉQUATEUR. POUR QUEL ANIMAL SONT-ELLES CONNUES ?
   - ☐ LES TORTUES GÉANTES
   - ☐ LES CRABES GÉANTS
   - ☐ LES MOUETTES GÉANTES

4. QUELLE EST LA LANGUE OFFICIELLE DE L'ÉQUATEUR ?
   - ☐ L'ANGLAIS
   - ☐ L'ESPAGNOL
   - ☐ LE FRANÇAIS

5. LEQUEL DE CES PAYSAGES N'EST PAS TYPIQUE DE L'ÉQUATEUR ?
   - ☐ LA FORÊT AMAZONIENNE
   - ☐ LES VOLCANS
   - ☐ LES GRANDS DÉSERTS DE SEL

Jour 5

VOUS PARTEZ À L'AUBE POUR LA RÉSERVE D'ANTISANA, OÙ SE TROUVE LE VOLCAN DU MÊME NOM. VOUS AVEZ SEULEMENT UNE HEURE DE ROUTE.

UN GROUPE D'ORNITHOLOGUES (DES SCIENTIFIQUES QUI ÉTUDIENT LES OISEAUX) EST DÉJÀ SUR PLACE POUR COMMENCER LE RECENSEMENT DES CONDORS. ILS NE PARLENT PAS FRANÇAIS. CARMEN SE CHARGE DE LA TRADUCTION MAIS TU AS L'IMPRESSION QU'ELLE A OUBLIÉ QUELQUES MOTS IMPORTANTS DANS SES EXPLICATIONS.

REMETS CHAQUE MOT À SA PLACE DANS LE TEXTE.

LES DEUX .... ONT INSTALLÉ
UNE .... GPS SUR LE DOS D'UN .... MÂLE
POUR CONNAÎTRE SES .... IL FAUT UN ....
QUI PUISSE RÉSISTER À LA .... ATMOSPHÉRIQUE,
CAR LES CONDORS PEUVENT ....
JUSQU'À 5000 M ....

APPAREIL

MONTER

HABITUDES

BALISE

PRESSION

D'ALTITUDE

ORNITHOLOGUES

CONDOR

Jour 6

Vous n'avez malheureusement aperçu aucun condor hier. Le soir venu, vous avez décidé de camper dans la montagne. Tu ne perds pas espoir.

Ce matin, en sortant de ta tente, tu tombes nez à nez avec le gigantesque oiseau. Il s'envole immédiatement après t'avoir vu et tu te sens privilégié de pouvoir assister à ce spectacle d'aussi près. Tu en profites pour l'observer dans les moindres détails.

Entoure le détail qui ne correspond pas tout à fait à ce que tu vois sur l'image.

Jour 7

Vous passez deux journées entières à observer les oiseaux. Vous en repérez finalement une bonne dizaine, ainsi que quelques nids.

Puis les deux ornithologues vous proposent de changer de point de vue. Vous devez emprunter un chemin escarpé qui monte encore un peu plus haut en altitude. Cyril a le vertige.

Trouve-lui un passage moins effrayant en t'aidant des flèches. Commence par barrer toutes celles qui apparaissent en double (couleur et direction). Celles qui resteront t'indiqueront la voie à suivre : suis la direction donnée par chacune d'entre elles.

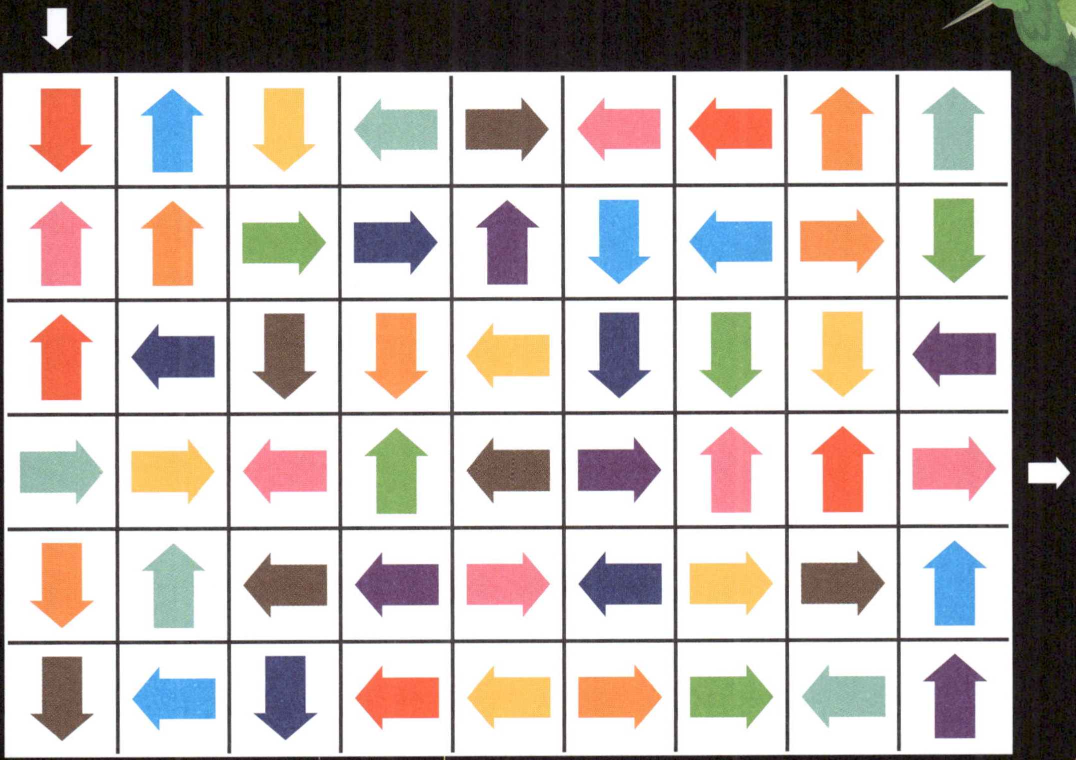

Jour 8

Vous avez terminé votre tour de la réserve d'Antisana et Carmen vous informe que vous allez désormais redescendre pour rejoindre le parc du Cotopaxi.

Vous passez une grande partie de la journée en voiture avant de vous remettre à grimper en altitude. Le soir, Carmen te donne un étrange message avant de rejoindre sa tente.

Décode-le.

	A	B	C	D	E	F	G
	H	I	J	K	L	M	N
	O	P	Q	R	S	T	U

REJOINS MOI A MINUIT

Jour 9

À L'HEURE DITE, TU RETROUVES CARMEN À QUELQUES MÈTRES DE VOTRE CAMPEMENT. ELLE TENAIT À TE MONTRER UN BEAU SPECTACLE. LA FEMME TE TEND DES JUMELLES INFRAROUGES, MAIS MALGRÉ CELA, TU N'ARRIVES À VOIR QUE DES OMBRES.

RÈGLE TES JUMELLES EN RELIANT CHAQUE SILHOUETTE À L'ANIMAL QUI LUI CORRESPOND.

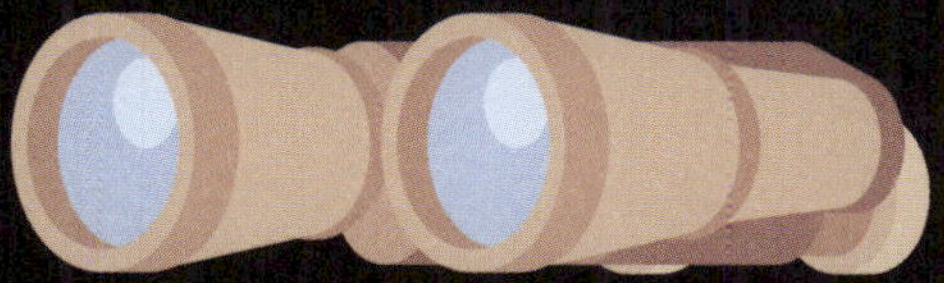

VISCACHA JAGUAR GUANACO ALPAGA COUGAR

Jour 10

De nombreux animaux vivent dans ces montagnes et certains ne sortent que la nuit. Grâce à Carmen, tu as pu en admirer plusieurs, dont deux majestueux condors.

Au matin, Barbara te propose de prendre la carte pour guider tout le monde parmi les différents sentiers.

Trouve le seul chemin qui vous fera sortir de ce labyrinthe de rochers. Il t'indiquera le nom de votre destination.

Destination :

Jour 11

Vous avez passé une bonne partie de la journée d'hier à observer et à compter les condors, et le programme d'aujourd'hui est sensiblement le même.

Cette fois, vous montez directement sur les pentes escarpées du plus haut sommet du parc. Les deux ornithologues te proposent de les aider.

Compte tous les condors présents dans le ciel.

Il y a ______ condors.

Jour 12

NOUVELLE ÉTAPE, VOUS QUITTEZ LE PARC POUR REJOINDRE LA VILLE DE LATACUNGA. CARMEN AIMERAIT VOUS PRÉSENTER UN AUTRE MEMBRE DE LA « FUNDACIÓN ».

ELLE A VU QUE TU AIMAIS BIEN LES ÉNIGMES. ELLE TE PROPOSE DONC DE DEVINER DANS QUEL RESTAURANT SON AMI VOUS ATTEND.

RÉPONDS À SON ÉNIGME.

LE RESTAURANT PORTE LE NOM D'UN PAYS D'AMÉRIQUE DU SUD AVEC LEQUEL L'ÉQUATEUR N'A AUCUNE FRONTIÈRE COMMUNE. UN SEUL PAYS SE TROUVE ENTRE L'ÉQUATEUR ET LE PAYS RECHERCHÉ. LA CÔTE DE CE PAYS SE TROUVE DU CÔTÉ DE L'ATLANTIQUE. LE PAYS QUE TU CHERCHES N'EST NI EN BLEU CLAIR NI EN VERT FONCÉ.

LE RESTAURANT S'APPELLE :

LE ....

Jour 13

Après avoir rencontré Octavio, l'ami de Carmen, les deux Équatoriens vous emmènent au centre, dans lequel ils recueillent des condors blessés.

Là, ils les soignent avant de les relâcher dans leur milieu naturel. Tu proposes tout de suite ton aide pour nettoyer les volières. Octavio t'indique le vestiaire, où tu trouves une tenue à ta taille.

Repère cette suite de quatre vêtements dans la grille :

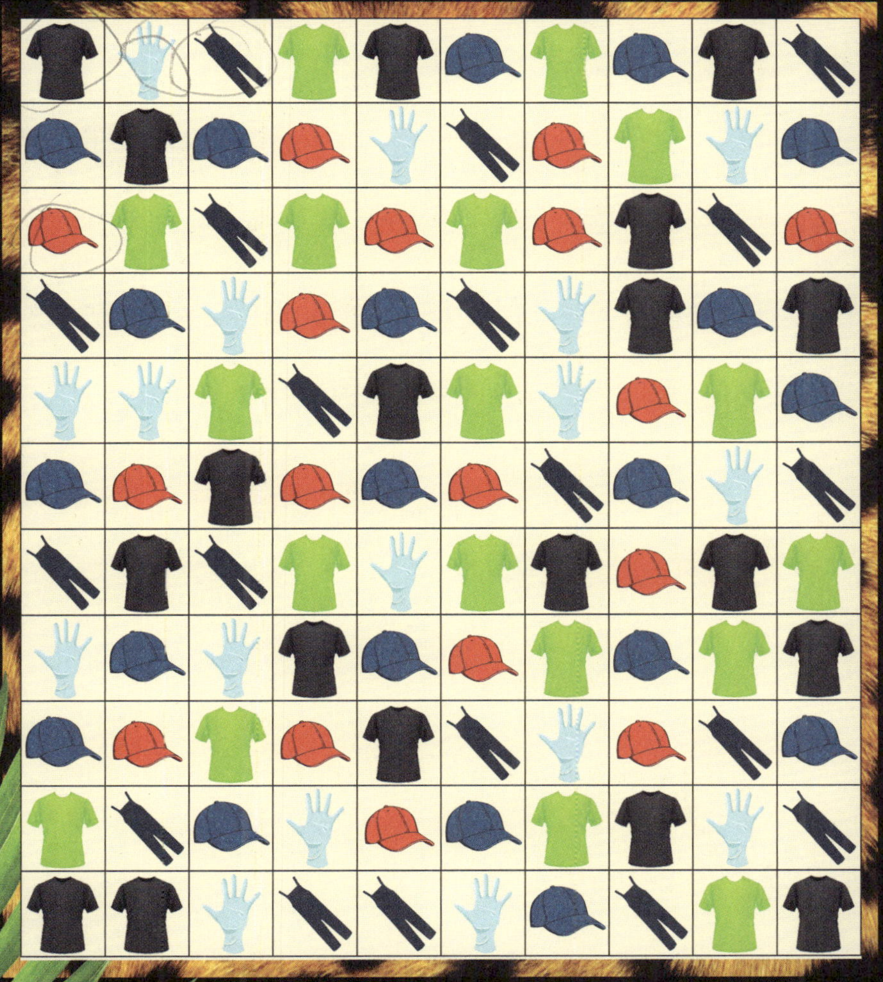

Jour 14

Vous n'avez plus qu'une semaine pour explorer encore trois réserves naturelles. Pour aller plus vite, Octavio propose de vous séparer en deux groupes.

Tu te retrouves au parc national Sangay avec lui, Barbara et l'un des ornithologues, Nicola. En fin d'après-midi, vous êtes en train de marcher sur une corniche lorsque Barbara tombe en t'entraînant dans sa chute. Vous glissez un bon moment sur les fesses avant de retomber lourdement dans une sorte de crevasse. Il fait très sombre ici, mais tu as une boîte d'allumettes dans ton sac.

Pour allumer, déplace une seule allumette afin que le résultat de l'opération soit correct. Tu ne peux pas toucher aux allumettes du résultat.

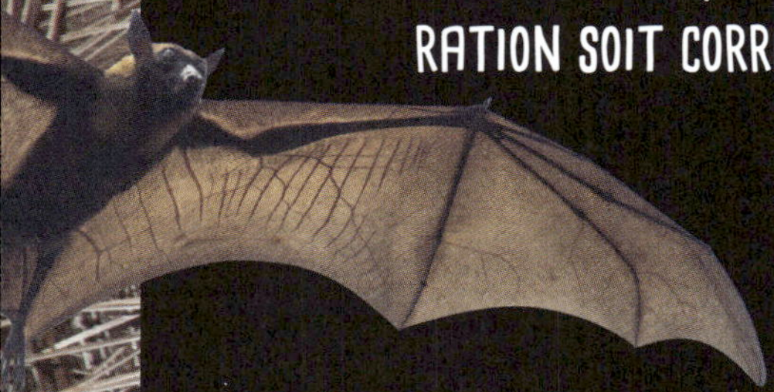

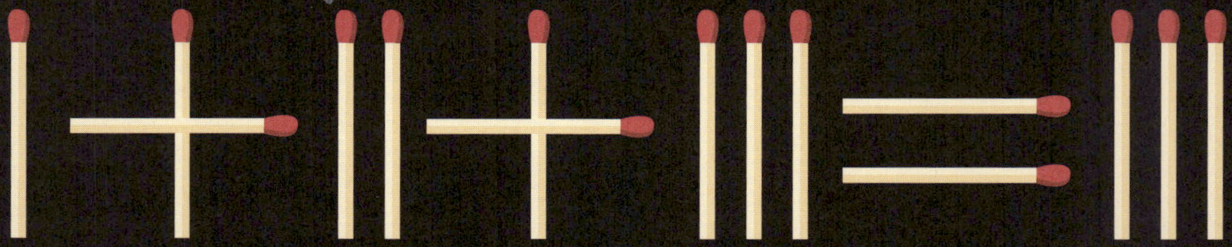

Jour 15

Barbara et toi êtes dans la crevasse depuis maintenant plusieurs heures. La soigneuse s'est foulé la cheville et ne peut plus marcher.

Vous avez beau appeler, personne n'est encore venu à votre rescousse. À l'aube, le soleil pénètre dans la fissure par laquelle vous êtes passés. Elle est moins haute que tu ne le pensais. En empilant des pierres, tu pourrais peut-être l'atteindre.

Complète cette pyramide pour découvrir combien de pierres il te faudrait pour sortir de la crevasse.

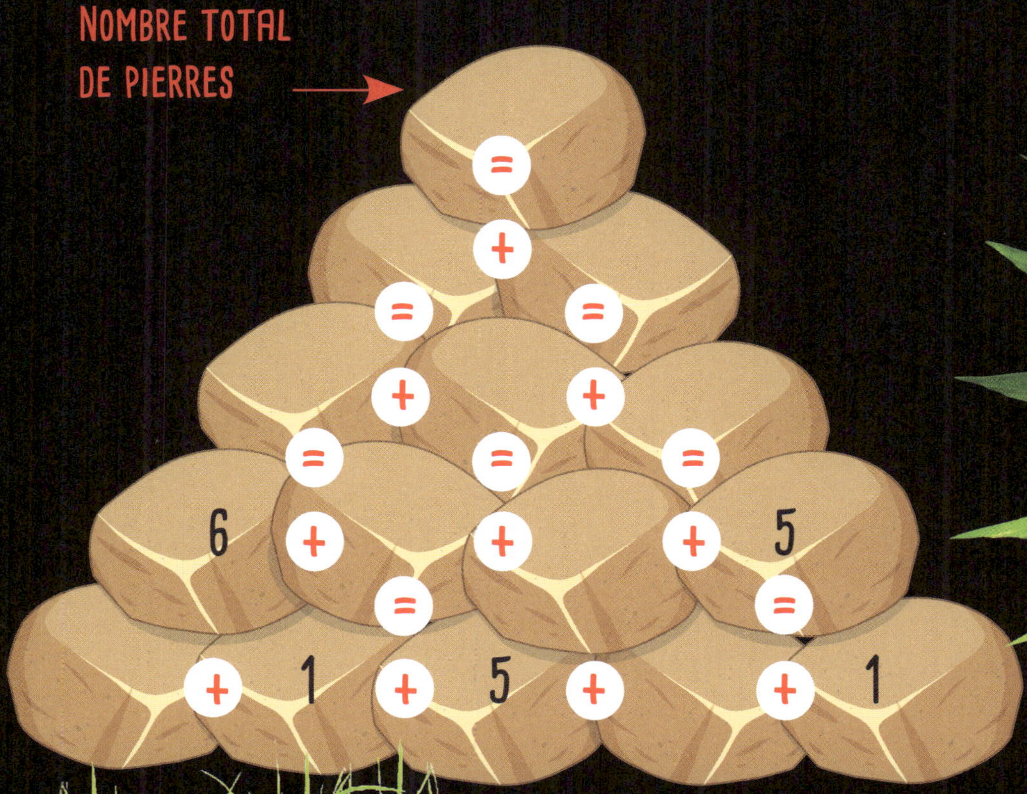

Jour 16

Après avoir empilé des pierres pendant une journée, tu parviens enfin à sortir au crépuscule. Mais Barbara est toujours dans le canyon.

Tu promets à la soigneuse de revenir vite et tu cours vers une lumière. C'est le feu du campement de Nicola. Octavio, lui, est redescendu chercher les secours. Ces derniers arrivent bientôt avec une échelle de corde. Tu dois l'utiliser pour récupérer Barbara, mais un secouriste te prévient que certains barreaux sont abîmés.

Utilise toutes les opérations dans les bulles pour arriver en bas de l'échelle sans jamais t'arrêter sur un barreau rouge.

Jour 17

BARBARA EST PARTIE AVEC LES SECOURS TANDIS QUE TU ES RESTÉ AVEC OCTAVIO ET NICOLA. LES DEUX HOMMES HÉSITENT ENTRE PLUSIEURS CHEMINS.

AIDE LES À TROUVER LA BONNE DIRECTION. CONTINUE DE RECOPIER LES LETTRES DANS LES CREUX ET LES SOMMETS DE CES MONTAGNES. ENSUITE, SUIS LE SENS DE LECTURE SUGGÉRÉ PAR LA FLÈCHE ROUGE POUR LIRE LE MESSAGE.

~~AL~~RESEU

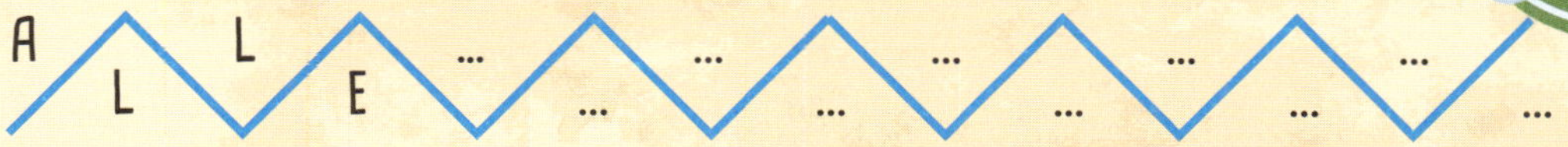

~~LE~~VRLSD

SENS DE LECTURE :

BONNE DIRECTION :

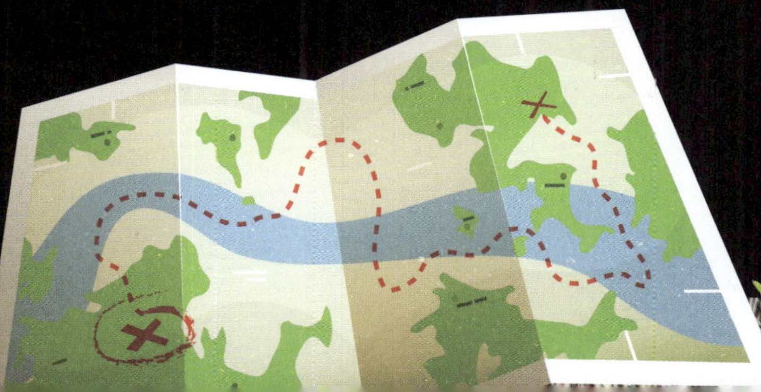

Jour 18

Aujourd'hui, tu assistes Octavio et Nicola, qui installent une nouvelle balise sur un condor mâle pour le tracer.

Mais ils s'aperçoivent que l'oiseau est malade. Il a sûrement mangé une carcasse empoisonnée par un éleveur. Déposer des carcasses empoisonnées sur le chemin des condors est malheureusement une pratique courante. Les condors des Andes s'attaquent parfois aux veaux, ce que les éleveurs n'acceptent pas. Octavio te demande d'aller chercher sa trousse de secours.

Un cadenas verrouille sa tente. Il te donne des morceaux de papier contenant des indications pour en trouver le code.

Poids moyen de la femelle
– taille du condor ailes déployées
= 2e chiffre du code

Réfère-toi à la fiche p. 34.

- 1 chiffre bien placé dans le code.
- 1 chiffre présent dans le code mais mal placé.
- 1 chiffre n'apparaît pas dans le code.

Indice : commence par éliminer tous les chiffres qui n'apparaissent pas dans le code.

Jour 19

À ton retour, Octavio s'est empressé d'injecter un sérum au condor. Cela annulera les effets du poison, mais l'oiseau restera endormi une journée.

Le jour suivant, Octavio te demande de l'aider à remettre le condor à moitié réveillé dans son nid, à flanc de falaise. Une femelle arrive à ce moment-là. Nicola vous crie de courir, car c'est probablement la compagne du condor que vous venez de déposer et elle risque de se montrer agressive, imaginant que vous lui avez fait du mal.

Traverse le plus vite possible ce tableau en suivant toujours les mots « condor des Andes ».

C	O	D	E	N	D	O	C	N	A	N	D	A
A	N	R	O	A	E	S	D	E	S	E	E	S
N	D	E	O	D	A	O	R	A	O	D	S	N
E	O	S	S	N	S	D	S	C	N	D	D	E
N	R	D	E	A	N	N	O	C	S	E	O	R
E	S	N	S	O	E	A	N	O	C	D	E	D
O	C	A	A	D	D	O	R	D	N	N	E	N
D	N	O	N	A	A	D	N	E	S	A	S	R
D	A	C	D	E	D	N	E	D	N	E	D	O
N	E	S	A	S	C	O	A	A	S	N	A	N

Jour 20

VOUS VOUS EN ÊTES BIEN SORTIS ET VOUS ÊTES RESTÉS JUSTE ASSEZ PROCHES POUR VOIR LE CONDOR MÂLE SE RÉVEILLER ET PRENDRE SON ENVOL AVEC SA COMPAGNE.

AUJOURD'HUI VOUS RETROUVEZ CARMEN ET CYRIL À QUITO. LE VÉTÉRINAIRE VOUDRAIT TE FAIRE DEVINER COMBIEN DE CONDORS ILS ONT PU RECENSER DE LEUR CÔTÉ.

POUR LE SAVOIR, COMPLÈTE LOGIQUEMENT CE CARRÉ MAGIQUE, PUIS ADDITIONNE LES CASES JAUNES.

				=34
		2	13	=34
	10		8	=34
9		7		=34
4		14	1	=34
=34	=34	=34	=34	=34

ILS ONT RECENSÉ

___ + ___ + ___ = ___ CONDORS.

Jour 21

CYRIL, BARBARA ET TOI AVEZ QUITTÉ VOS AMIS ÉQUATORIENS HIER AVEC BEAUCOUP DE TRISTESSE ET VOUS VENEZ JUSTE D'ARRIVER AU ZOO DE LA FLÈCHE.

LA DIRECTRICE VOUS DEMANDE SI VOUS AVEZ FINALEMENT COMPTÉ PLUS OU MOINS DE CONDORS EN ÉQUATEUR QU'AU DERNIER RECENSEMENT.

POUR CONNAÎTRE LE NOMBRE TOTAL DE CONDORS QUE VOUS AVEZ RECENSÉS, COMPLÈTE CES OPÉRATIONS EN REMPLAÇANT CHAQUE OISEAU PAR LE NOMBRE OBTENU À LA PAGE PRÉCÉDENTE. COMPARE ENSUITE LE TOTAL AVEC LES CHIFFRES DE L'ANNÉE DERNIÈRE POUR SAVOIR SI TON AVENTURE SE TERMINE SUR UNE NOTE POSITIVE OU NÉGATIVE.

4 × 7 +  - 12 = ...

 ÷ 2 + (6 × 3) = ...

128 ÷ 2 - 19 - ... = 

... + ... +  = ...

Recensement 2020 : 150 individus

Quelque temps après votre retour, Octavio et Carmen vous ont annoncé une bonne nouvelle : ils viennent d'enregistrer six nouvelles naissances de condors. De quoi te remonter le moral !

Chaîne Scandinave
Irlande
Grande-
Bretagne
Plaine
d'Europe du Nord
Plaine
d'Europe orientale
Plateau cent
de Russie
EUROPE
Flandre
Bassin
parisien
Vosges
Jura
Alpes
Massif
central
Plaine
hongroise
Alpes
dinariques
Monts
cantabriques
Pyrénées
Sierra
Nevada

À la recherche
du lynx boréal

Cela fait déjà plusieurs semaines que Cyril, Barbara et toi êtes revenus d'Équateur. Vous avez présenté votre expérience avec les condors des Andes sur un panneau dans le secteur des oiseaux. Vous espérez ainsi sensibiliser les visiteurs à leurs conditions de vie.

Aujourd'hui, tu es assigné au secteur des fauves. Tu aides Anthony, le responsable animalier, à nourrir Hadès et Rewa, les deux tigres blancs du zoo. Tout en découpant des morceaux de viande, Anthony te parle de l'un de ses amis qui est photographe animalier et qui vient tout juste de prendre en photo un lynx boréal, un félin menacé d'extinction. Tu hésites un court instant avant de demander à Anthony si vous pourriez essayer d'en voir un avec son ami. Il te promet d'y réfléchir.

Quelques jours plus tard, Anthony vient te voir en disant que son ami Noé est disponible. Si ça te tente toujours, la directrice du Zoo de La Flèche accepte que vous vous y rendiez pour trois semaines, mais à une condition : vous devez lui ramener une photo d'un lynx. Ce fauve, qui a pourtant déjà été réintroduit, est à nouveau menacé. Il n'y aurait plus que 100 à 200 individus en France et il est donc très rare d'en apercevoir.
Défi relevé !

FICHE D'IDENTITÉ

Nom commun : lynx boréal

Nom latin : lynx lynx

Espèce/Famille : ....

Classe : mammifère

Taille moyenne (au garrot) : 0,7 m

Poids moyen : .... kg

Signe distinctif : pieds larges, oreilles pointues, fourrure dense recouverte de taches noires

Vitesse maximale : 70 km/h

Habitat : forêts et montagnes d'Europe et d'Asie

Régime alimentaire : ....

Comportement : solitaire et très discret, il est essentiellement actif la nuit. Il a une excellente vue et un bon odorat.

Cri : ronronnement, grognement, gémissement, crachat

Jour 1

Très enthousiaste, Anthony te propose de vous renseigner ensemble sur l'animal, car même lui le connaît finalement assez peu.

Il commence par te proposer un petit quiz pour noter les différences entre les félidés (comme les chats) et les canidés (comme les chiens).

Pour chaque affirmation, coche la bonne case. À ton avis, à laquelle de ces familles appartient le lynx ?

1. À quelques exceptions près, ils peuvent rentrer leurs griffes (on dit qu'elles sont rétractiles).

☐ Canidé
☐ Félidé

2. Le renard fait partie de cette famille.

☐ Canidé
☐ Félidé

3. Les individus de cette famille ont un museau plus allongé que ceux de l'autre famille.

☐ Canidé
☐ Félidé

4. Cette famille a la particularité d'avoir un squelette flexible qui lui offre beaucoup de souplesse.

☐ Canidé
☐ Félidé

5. Le tigre fait partie de cette famille.

☐ Canidé
☐ Félidé

6. La majorité des individus de cette famille n'est pas capable de grimper aux arbres.

☐ Canidé
☐ Félidé

Remplis ta fiche en page 58.

Jour 2

Le jour suivant, Anthony vient avec deux autres énigmes pour toi. Il te dit qu'en additionnant tes deux réponses, tu obtiendras le poids moyen du lynx boréal.

À toi de jouer ! Tu peux t'aider de l'indice si tu arrives à le décrypter.

Observe attentivement ces animaux. Ils sont tous différents les uns des autres, et notamment à cause d'un élément qui fait changer la valeur inscrite au-dessous de chacun. Quand tu auras compris la logique, devine la valeur du lynx.

Tu veux partager équitablement 47 friandises entre 4 lynx. Combien te restera-t-il de friandises ?

Il te restera ____ friandises.

Poids moyen du lynx boréal = ____ + ____ = ____

Remplis ta fiche en page 58.

Jour 3

C'EST LE JOUR DU DÉPART ! DANS LE TRAIN QUI VOUS EMMÈNE DANS LE DÉPARTEMENT DE L'AIN, ANTHONY DESSINE UNE GRILLE.

IL TE LA REMET EN TE DEMANDANT DE LA COMPLÉTER COMME UN SUDOKU. SAUF QU'IL A REMPLACÉ TOUS LES CHIFFRES PAR DES LETTRES !

COMPLÈTE LA GRILLE EN Y INSCRIVANT LES LETTRES DE SORTE QU'ELLES N'APPARAISSENT QU'UNE SEULE FOIS DANS CHAQUE LIGNE, COLONNE ET CARRÉ. TU FERAS APPARAÎTRE UN MOT EN DIAGONALE : C'EST LE RÉGIME ALIMENTAIRE DU LYNX BORÉAL.

	E	I	A		N	R	M	
			M	E			C	N
M	N			V	C		O	
	O	A			M	V	E	I
V		E	O		A	M		R
I	M			R		C		
N		M		A	E			C
E	I	C	V		O	A		
		O		M	I	N	V	

Remplis ta fiche en page 58.

Jour 4

VOUS AVEZ REJOINT NOÉ, L'AMI D'ANTHONY. IL HABITE SUR LE PLATEAU D'HAUTEVILLE, UN PEU EN ALTITUDE ET TOUT PRÈS D'UNE ZONE OÙ VIVENT QUELQUES LYNX.

IL VOUS PROPOSE DE COMMENCER PAR FAIRE UNE RANDONNÉE EN MONTAGNE POUR AVOIR UNE VUE D'ENSEMBLE SUR LE TERRITOIRE DU LYNX MÂLE QU'IL A PU PRENDRE EN PHOTO. EN CHEMIN, IL TE PROPOSE DE DEVINER COMMENT IL L'A APPELÉ.

BARRE TOUS LES MOTS QUE TU PEUX LIRE DANS LA GRILLE ! LE MOT QUI APPARAÎT LE PLUS DE FOIS EST LE NOM DU LYNX.

C	F	C	A	C	T	C	H	A	T	Y	I	N	T
F	V	R	H	S	H	H	É	T	U	F	F	C	A
U	S	E	T	O	T	A	C	H	E	T	É	H	C
T	V	T	Q	E	C	V	U	Y	I	B	V	O	H
É	É	A	F	W	G	O	R	S	W	X	C	C	E
B	T	H	C	X	D	N	L	A	S	S	H	O	T
K	E	C	H	O	C	O	L	A	T	E	A	L	É
C	H	O	C	O	L	A	T	Z	T	E	T	A	R
M	C	H	A	U	S	S	E	T	T	E	D	T	F
T	A	L	O	C	O	H	C	H	C	H	A	T	E
P	T	O	L	I	U	K	J	Y	F	U	T	É	G

NOM DU LYNX : _ _ _ _ _ _ _ _

Indice : il y a 5 mots différents à trouver et, en tout, il y a 17 mots cachés dans la grille.

Jour 5

Le soir venu, Anthony, Noé et toi montez votre tente sous les arbres : vous profiterez mieux de la nature !

Noé vous explique qu'il le fait souvent pour écouter les lynx dont on entend parfois les grognements. L'animal chasse régulièrement la nuit pour être encore plus discret.

Pour savoir quel est l'animal que tu entends, trouve la seule image qui n'est pas différente de son modèle.

Modèles :

Jour 6

Tu n'as pas très bien dormi car tu espérais entendre un lynx, mais c'est raté. Aujourd'hui vous attaquez les recherches.

Noé vous donne quelques indications pour repérer les traces de lynx : des carcasses d'animaux, des touffes de poils, des empreintes de pas... Il vient justement de remarquer une trace dans la terre.

Compare-la avec celles du livre de Noé pour savoir de quel animal il s'agit.

Jour 7

Vous avez suivi les traces du lynx durant des heures dans la forêt. Noé n'est plus très sûr du chemin à emprunter.

Le temps est couvert, impossible de voir où se trouve le soleil pour vous repérer. Anthony propose de vous arrêter et d'attendre que la nuit tombe. Heureusement pour vous, les nuages s'éloignent et vous pouvez voir les étoiles.

Dessine les constellations de la Grande Ourse et de la Petite Ourse, chacune constituée de 7 étoiles puis aide-toi des indications pour dessiner une flèche qui indique le nord.

- La Grande Ourse et la Petite Ourse ressemblent à des casseroles. Elles sont ici à l'envers.
- La Petite Ourse est la constellation qui a le manche de casserole le plus long par rapport à sa taille.
- L'étoile qui se trouve tout au bout du manche de la Petite Ourse est Polaris, l'étoile Polaire, qui indique toujours le nord.

Jour 8

Vous vous tournez de sorte que l'Étoile Polaire soit sur votre gauche pour aller vers l'Est. Vous continuez à marcher à la lumière de la lune.

Mais au petit matin, le ciel est de nouveau couvert et Noé préfère attendre la nuit pour continuer. Anthony propose de faire un feu.

Pour l'aider, dessine une flamme à côté, au-dessus ou au-dessous de chaque tas de branches. Les chiffres en haut et à gauche du quadrillage précisent le nombre de flammes qu'il y a dans chaque ligne et dans chaque colonne. À la fin, tu dois avoir autant de flammes que de tas de branches. Attention, deux flammes ne peuvent pas se toucher, sauf en diagonale.

Indice : Commence par barrer les lignes et les colonnes où il n'y a aucune flamme.

Jour 9

La nuit suivante, vous continuez vers l'est grâce aux étoiles et remarquez enfin de la lumière. C'est une bergerie que vous voyez au loin.

Vous vous dirigez vers elle, mais Noé vous fait soudain signe de vous arrêter. Vous entendez un drôle de cri. Le photographe vous souffle qu'il s'agit bien d'un lynx cette fois-ci. Il a sûrement été attiré par les brebis.

Noé te fait des signes. Décode-les vite.

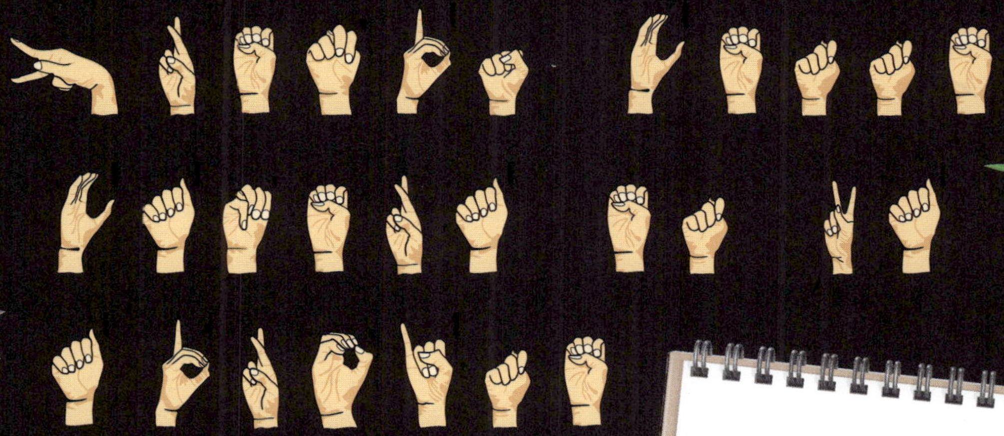

Jour 10

Hier, le lynx, qui n'était autre que Chocolat, vous a malheureusement échappé. Tu es très déçu, vous y étiez presque !

Mais au moins, le berger, comme pour vous remercier d'avoir fait fuir le lynx loin de ses brebis, vous a offert le gîte et le couvert, ainsi qu'une carte. Noé te charge d'ailleurs de suivre votre avancée.

Pars de A1 et dessine toutes les flèches dans l'ordre pour déterminer où vous êtes.

→ → ↓ ↓ → → ↑ → → ↓ ↓ ↓ ↓ ← ← ↓ ↓ → ↓ → → ↑

	1	2	3	4	5	6	7	8	9	10
A	X									
B										
C										
D										
E										
F										
G										
H										
I										
J										

Jour 11

Vous avez déjà dépassé la moitié du temps que vous a donné la directrice du Zoo de La Flèche pour prendre un lynx en photo. Mais tu ne perds pas courage ! Anthony vient d'ailleurs de trouver une nouvelle trace de Chocolat : une touffe de poils. En suivant cette piste, vous arrivez à un carrefour et vous apercevez trois randonneuses qui viennent chacune d'un chemin différent. Lorsque tu leur demandes si elles ont vu les traces d'un lynx, aucune ne te donne la même réponse.

Sachant que l'une d'elles ment et que les deux autres disent la vérité, sur quel chemin le lynx est-il parti ?

- La randonneuse 1 : « La fille 2 dit toujours la vérité, ne prends pas son chemin. »
- La randonneuse 2 : « La fille 3 ment, passe par le chemin de la fille 1. »
- La randonneuse 3 : « Je dis toujours la vérité, passe par mon chemin. »

Jour 12

Vous passez une nouvelle nuit sous la tente et le lendemain tu découvres que le reste de jambon que vous aviez laissé dehors a complètement disparu.

Serait-ce un coup de l'invisible lynx ? Un bruit dans un fourré te laisse penser qu'il est encore là quelque part.

- Trouve-le vite.

Jour 13

CHOCOLAT EST TOUT PROCHE ! NOÉ PROPOSE UNE NOUVELLE TACTIQUE : L'APPÂTER AVEC UN PEU DE VIANDE ET VOUS CACHER TOUT PRÈS.

LE SOIR, VOUS VOUS RELAYEZ DERRIÈRE L'APPAREIL. À L'AUBE, NOÉ TE PROPOSE UN PETIT JEU POUR TE FAIRE DEVINER CE QU'IL A PRIS EN PHOTO.

COLORIE LES CASES DE CE TABLEAU EN T'AIDANT DE L'EXEMPLE. LES CHIFFRES INDIQUÉS À GAUCHE TE DONNENT, DANS L'ORDRE, LE NOMBRE DE CASES À COLORIER DE LA COULEUR INDIQUÉE SUR CHAQUE LIGNE.

							14	2	9
					13	1	1	1	9
							15	1	9
							15	1	9
			12	1	2	1	5	3	1
11	1	1	2	1	4	1	1	2	1
11	1	1	2	1	3	2	2	1	1
		10	1	2	1	2	3	1	5
10	1	2	1	2	2	2	1	1	3
	10	3	1	2	1	2	1	2	3
		10	3	2	1	2	2	2	3
	11	1	3	1	2	1	2	1	3
	10	1	2	1	2	3	1	1	4
	10	2	1	1	2	1	1	2	5
			9	4	2	1	1	1	7
				9	3	3	1	2	7
				8	2	2	3	3	7
			7	1	2	2	3	2	8
			6	3	1	2	2	2	9
		4	5	2	1	1	1	2	9
					9	2	3	1	10
					9	3	1	2	10
							10	4	11
							11	2	12
								12	13
								11	14
								11	14
								11	14
								10	15
								9	16
								9	16
								8	17

Jour 14

LE JOUR SUIVANT, VOUS PROCÉDEZ DE LA MÊME MANIÈRE. QUAND C'EST TON TOUR, TU T'OCCUPES EN OBSERVANT LES PHOTOS QUE NOÉ A DÉJÀ PRISES.

IL Y EN A DEUX QUI ATTIRENT TON ATTENTION. ELLES SONT QUASIMENT SIMILAIRES, ET POURTANT TU PEUX VOIR QUELQUES DIFFÉRENCES.

REPÈRE-LES TOUTES ET SÉLECTIONNE LA LETTRE LA PLUS PROCHE DE CHAQUE DIFFÉRENCE POUR ÉCRIRE UN MOT.

RÉPONSE :

Jour 15

En devinant ce mot, une idée te vient. Vous pourriez chercher l'endroit où Chocolat se repose en journée. S'il est endormi, il vous repérera moins facilement !

Mais Noé t'explique qu'il est plus difficile de dénicher le lieu où se repose un lynx que de le trouver lui-même, car il en change tous les jours ! Heureusement, le photographe a une autre idée. Il dessine des points de toutes les couleurs sur un carnet. Que cherche-t-il à te dire ?

Commence par compléter ce tableau en rangeant les couleurs dans l'ordre de celles de l'arc-en-ciel, détaillé sur l'anneau ci-dessous. Puis, décode le message.

A	B	C	D	E	G	I	L
●			●			●	
M	N	O	R	S	T	U	V
●			●	●		●	

Jour 16

Une fois le dispositif installé, la première nuit, rien ne se passe. Tu aides donc le berger à s'occuper de ses moutons.

Il te demande de les compter pour vérifier qu'ils sont tous bien là.

Aide-toi de ses indications pour savoir combien il possède de moutons, en sachant qu'un dessin de mouton noir vaut 6 moutons.

TOTAL = ...

Jour 17

La deuxième nuit, l'un des détecteurs de Noé envoie un signal qui vous réveille. Il est heureusement doté d'une caméra.

Tout en restant dans la bergerie, vous pouvez voir un lynx approcher à l'écran. Le berger s'apprête à sortir, mais vous le suppliez d'attendre un peu, pour voir comment se comporte Chocolat. Au bout d'un moment, Noé se met à rire. Il essaie de vous expliquer pourquoi, mais ses paroles sont entrecoupées de rires.

Essaie de le comprendre.

Chhaochahaolahat ehast hahaen fahait uhaneha fehahahamelhale, ehat vu shahaonha comhahaportemhaent, onhaha dirhaait habienha qu'hahaelle athahahatend desha pehahatitsha !

Jour 18

Vous avez tous été ravis par la nouvelle de Noé. Chocolat, que vous avez rebaptisée Chocolatine, devrait rester dans les parages.

Anthony et toi installez des pièges photographiques à plusieurs endroits proches de la bergerie.

Pour couvrir toute la zone, finis de compléter cette grille. Tous les nombres de 1 à 19 doivent apparaître et toutes les cases doivent être remplies. Chaque nombre est collé au nombre qui le précède et à celui qui le suit.
Les traits rouges lient deux cases entre elles : celles-ci contiennent forcément deux nombres qui se suivent (15 ou 17 pour celle qui se trouve à côté du 16, par exemple).

Indice : commence par placer le chiffre 2. Il ne peut pas être dans une case avec une ligne rouge puisque le 1 et le 3, qui sont déjà placés, ne sont pas bordés par une telle ligne.

Jour 19

La nuit suivante, vous restez dans la cabane. Le berger est content de pouvoir suivre vos avancées et d'avoir de l'aide avec ses moutons.

Il a accepté que vous restiez jusqu'à la fin de votre séjour. Au petit matin, tu pars récupérer les pellicules de plusieurs pièges photographiques pour voir si ces appareils ont photographié quelque chose. L'un d'eux a en effet pris en photo un animal.

Relie les chiffres dans l'ordre pour découvrir de quel habitant de la forêt il s'agit.

Jour 20

Anthony et toi n'arrivez plus à cacher votre déception. Vous êtes si proches du but, mais vous devez quitter l'Ain dès demain.

Le soir, vous installez de nouveaux pièges sans y croire. Pour maximiser vos chances, tu décides de dormir à la belle étoile avec un appareil photo. À l'aube, à peine as-tu ouvert les yeux que tu découvres un spectacle incroyable : Chocolatine est là, à seulement quelques mètres de toi, allongée dans l'herbe ! Tu prends des tonnes de photos. Elle ne bouge toujours pas, alors tu décides même de la dessiner.

Pour cela, aide-toi du modèle et de la grille.

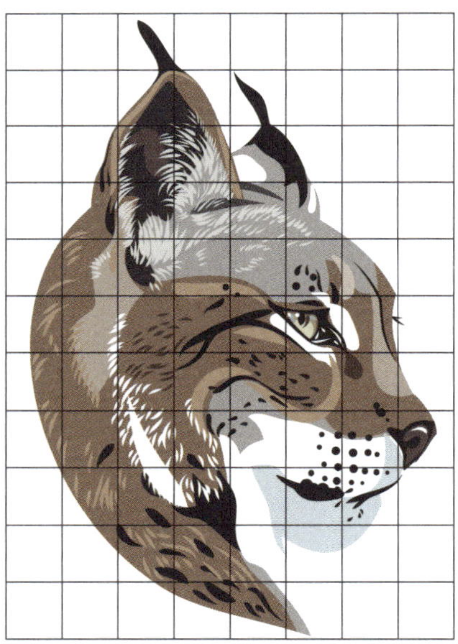

Jour 21

ANTHONY ET NOÉ ÉTAIENT EUPHORIQUES QUAND TU LEUR AS MONTRÉ TES PHOTOS. ILS ÉTAIENT AUSSI TRÈS DÉÇUS DE NE PAS T'AVOIR ACCOMPAGNÉ.

ANTHONY ET TOI QUITTEZ LE PHOTOGRAPHE EN LE REMERCIANT CHALEUREUSEMENT POUR TOUT CE QU'IL VOUS A APPRIS, PUIS VOUS REMONTEZ DANS LE TRAIN. SUR LE CHEMIN DU RETOUR, ANTHONY A UNE NOUVELLE ÉNIGME POUR TOI.

RÉSOUS-LA !

JE SUIS UN ORGANE FONCTIONNANT PAR PAIRE, QUE POSSÈDE LA PLUPART DES ANIMAUX, DONT LES HOMMES. QUAND JE SUIS ACCOMPAGNÉ DU MOT « LYNX », JE DEVIENS UNE EXPRESSION. QUI SUIS-JE ?

....

En revenant au zoo, vous avez imprimé en grand la photo que tu as prise de Chocolatine pour l'afficher tout près du secteur des fauves. Tu passes devant presque tous les matins, te remémorant ce dernier voyage, aussi fatigant qu'incroyable. Quelle fierté !

Bassin du Tarim
Mongolie Intérieure
Plateau de Chine du Nord
Huang He
Plateaux du Tibet
Yangzi Jiang
Himalaya
Everest 8 848 m
Gange
Plateau de Chine du Sud
Salouen
Mékong
Plateau du Deccan
Ghats occidentaux
Sumatra
Bornéo
Java

L'enlèvement des orangs-outans

Ton séjour dans l'Ain avec Anthony date d'il y a déjà quelques mois. Tu es content d'avoir repris ta routine au Zoo de La Flèche. Les pensionnaires te manquent beaucoup dès que tu pars en voyage.

Ce matin, tu vas rendre visite aux siamangs. Aurélie t'y attend pour leur installer un nouvel enrichissement (activité pour stimuler leur comportement naturel et contribuer à leur bien-être). Tout en cachant des fruits un peu partout dans leur enclos, la soigneuse des primates te questionne sur tes précédents voyages. Elle t'apprend qu'elle a toujours rêvé d'aller à la rencontre des orangs-outans sur l'île de Sumatra.

Le rêve d'Aurélie ne tombe pas dans l'oreille d'un sourd ! Le soir, tu vas voir la directrice du zoo pour lui en parler. Elle te dit qu'elle a justement reçu un message d'une association qui a créé une école pour jeunes orangs-outans. L'association propose des formations au contact de ces grands singes pour les soigneurs du monde entier. Selon elle, c'est une très bonne opportunité. Elle aimerait que tu accompagnes Aurélie, car ton expérience de voyage pourrait lui être utile.
Bien sûr, tu es partant !

FICHE D'IDENTITÉ

Nom commun : orang-outan de Sumatra

Nom latin : pongo abelii

Espèce/Famille : hominidé, pongidé

Classe : mammifère

Taille moyenne (au garrot) : 0,95 m pour les femelles et 1,20 m pour les mâles

Poids moyen : 43 kg pour les femelles et 73 kg pour les mâles

Signe distinctif : ...., bouche proéminente, pelage roux

Habitat : île de Sumatra, Indonésie : forêt tropicale

Régime alimentaire : ...., omnivore

Comportement : singe solitaire qui reste vivre au même endroit, mais il y a tout de même un mâle dominant qui guide un peu les autres. Il dort .... h par jour et ne vit que dans les arbres.

Cri : grondement, hurlement

Jour 1

UNE SEMAINE PLUS TARD, TU VAS VOIR AURÉLIE POUR LUI ANNONCER LA NOUVELLE. TU AS RÉUSSI À GARDER LA SURPRISE JUSQU'AU BOUT !

TU LUI PROPOSES DE PRÉPARER VOTRE VOYAGE ENSEMBLE. QUAND TU LUI DEMANDES À QUOI ON RECONNAÎT LES ORANGS-OUTANS PAR RAPPORT AUX AUTRES SINGES, ELLE TE RÉPOND PAR UN DRÔLE DE LANGAGE.

BARRE UNE LETTRE SUR DEUX POUR COMPRENDRE LA RÉPONSE D'AURÉLIE.

IFLGSH OTNYTB LMEBST BERQAFSZ PRLTUHSV LNOHNUGYSE QDUXEV LREZSD JYAÈMIBHEFSE.

Remplis ta fiche en page 82.

Jour 2

En préparant la nourriture des singes tamarins, Aurélie te dit qu'elle a passé sa soirée à regarder des reportages sur les orangs-outans.

Elle a appris une information assez déroutante. Elle veut que tu devines combien d'heures ces singes passent à dormir chaque jour. Pour cela, elle te pose une énigme à l'aide de fruits et de balances.

Résous-la !

3 + 2 + = heures de repos des orangs-outans

(3 × ☐)+(2 × ☐)+ ☐ = ☐

Remplis ta fiche en page 82.

Jour 3

Le matin du départ, Aurélie te pose une dernière énigme pour te faire deviner le principal régime alimentaire des orangs-outans.

Elle t'a déjà donné les bonnes lettres, mais tu dois encore les remettre dans le bon ordre.

Pour cela, aide-toi des indications pour placer logiquement chacune dans un cercle coloré.

E F G I O R R U V

- Les ronds bleu clair et orange clair contiennent la même lettre.
- Les ronds jaune et violet contiennent des consonnes.
- Les lettres E et O encadrent un R.
- Le G est à gauche du I, qui se trouve dans le rond du milieu.
- Le E est tout à la fin et la lettre qui le suit dans l'alphabet est tout au début.

Remplis ta fiche en page 82.

Jour 4

Vous venez tout juste d'atterrir sur l'île de Sumatra, à l'aéroport de Bandara, après un long vol de plus de 24 h.

Aucun membre de l'association qui s'occupe des orangs-outans n'a pu venir vous accueillir mais on vous a donné des indications détaillées pour rejoindre le groupe.

Classe ces bus dans leur ordre de départ pour lire le nom de votre destination. La bulle à côté de chaque bus montre celui qui est parti juste après lui.

R ☐ ☐ ☐ ☐ ☐ G

Jour 5

VOUS PASSEZ UNE NUIT ET UNE JOURNÉE DANS LE BUS AVANT D'ATTEINDRE LA VILLE LA PLUS PROCHE DE LA RÉSERVE. À VOTRE ARRIVÉE, AURÉLIE T'INVITE AU RESTAURANT. L'UN DES CLIENTS VOUS DEMANDE LA RAISON DE VOTRE VOYAGE. LORSQUE VOUS LUI PARLEZ DU CENTRE DE RÉINTRODUCTION DES ORANGS-OUTANS, IL SE MONTRE TRÈS INTÉRESSÉ. L'HOMME VOUS CONSEILLE L'HÔTEL « PLQUF » POUR PASSER LA NUIT.

CET ÉTRANGE NOM D'HÔTEL N'EST PAS LE BON. POUR LE TROUVER, RÉCUPÈRE LES CINQ LETTRES QUI SE TROUVENT À L'INTERSECTION ENTRE CELLES DU MOT «CODER» (LIGNE BLEUE) ET DE «PLQUF» (COLONNE BLEUE).

	C	D	E	F	G	H	I	J	K	L	M	N	O	P	Q	R	S	T	U
C	C	D	E	F	G	H	I	J	K	L	M	N	O	P	Q	R	S	T	U
D	D	E	F	G	H	I	J	K	L	M	N	O	P	Q	R	S	T	U	C
E	E	F	G	H	I	J	K	L	M	N	O	P	Q	R	S	T	U	C	D
F	F	G	H	I	J	K	L	M	N	O	P	Q	R	S	T	U	C	D	E
G	G	H	I	J	K	L	M	N	O	P	Q	R	S	T	U	C	D	E	F
H	H	I	J	K	L	M	N	O	P	Q	R	S	T	U	C	D	E	F	G
I	I	J	K	L	M	N	O	P	Q	R	S	T	U	C	D	E	F	G	H
J	J	K	L	M	N	O	P	Q	R	S	T	U	C	D	E	F	G	H	I
K	K	L	M	N	O	P	Q	R	S	T	U	C	D	E	F	G	H	I	J
L	L	M	N	O	P	Q	R	S	T	U	C	D	E	F	G	H	I	J	K
M	M	N	O	P	Q	R	S	T	U	C	D	E	F	G	H	I	J	K	L
N	N	O	P	Q	R	S	T	U	C	D	E	F	G	H	I	J	K	L	M
O	O	P	Q	R	S	T	U	C	D	E	F	G	H	I	J	K	L	M	N
P	P	Q	R	S	T	U	C	D	E	F	G	H	I	J	K	L	M	N	O
Q	Q	R	S	T	U	C	D	E	F	G	H	I	J	K	L	M	N	O	P
R	R	S	T	U	C	D	E	F	G	H	I	J	K	L	M	N	O	P	Q
S	S	T	U	C	D	E	F	G	H	I	J	K	L	M	N	O	P	Q	R
T	T	U	C	D	E	F	G	H	I	J	K	L	M	N	O	P	Q	R	S
U	U	C	D	E	F	G	H	I	J	K	L	M	N	O	P	Q	R	S	T

Jour 6

Aurélie et toi n'avez pas trouvé d'hôtel à ce nom mais un bar sordide. Vous y pénétrez avec très peu d'assurance.

Lorsque vous dites au patron que c'est un client du restaurant qui vous envoie, il vous montre une chambre minuscule et humide. Aurélie est sur le point de refuser lorsque l'homme ferme la porte à clé. C'était un piège ! Vous devez trouver un moyen de sortir ! Tu aperçois un placard verrouillé par un drôle de cadenas.

Complète cette grille de sorte que chaque ligne et chaque colonne contienne autant de 0 que de 1. Mais attention, il ne peut pas y avoir plus de deux 0 ou deux 1 côte à côte ou l'un au-dessus de l'autre.

0	0		1		1		0
	1		1		0	0	
		1					
							0
						1	1
1	1		0		0		
1			0				
					1		

Jour 7

TU AS MIS UN TEMPS FOU À OUVRIR LE PLACARD. À L'AUBE, TU Y TROUVES UN TROUSSEAU DE CLÉS. L'UNE D'ELLES OUVRE PEUT-ÊTRE LA PORTE !

TROUVE VITE LA BONNE CLÉ POUR QUE VOUS PUISSIEZ VOUS ÉCHAPPER.

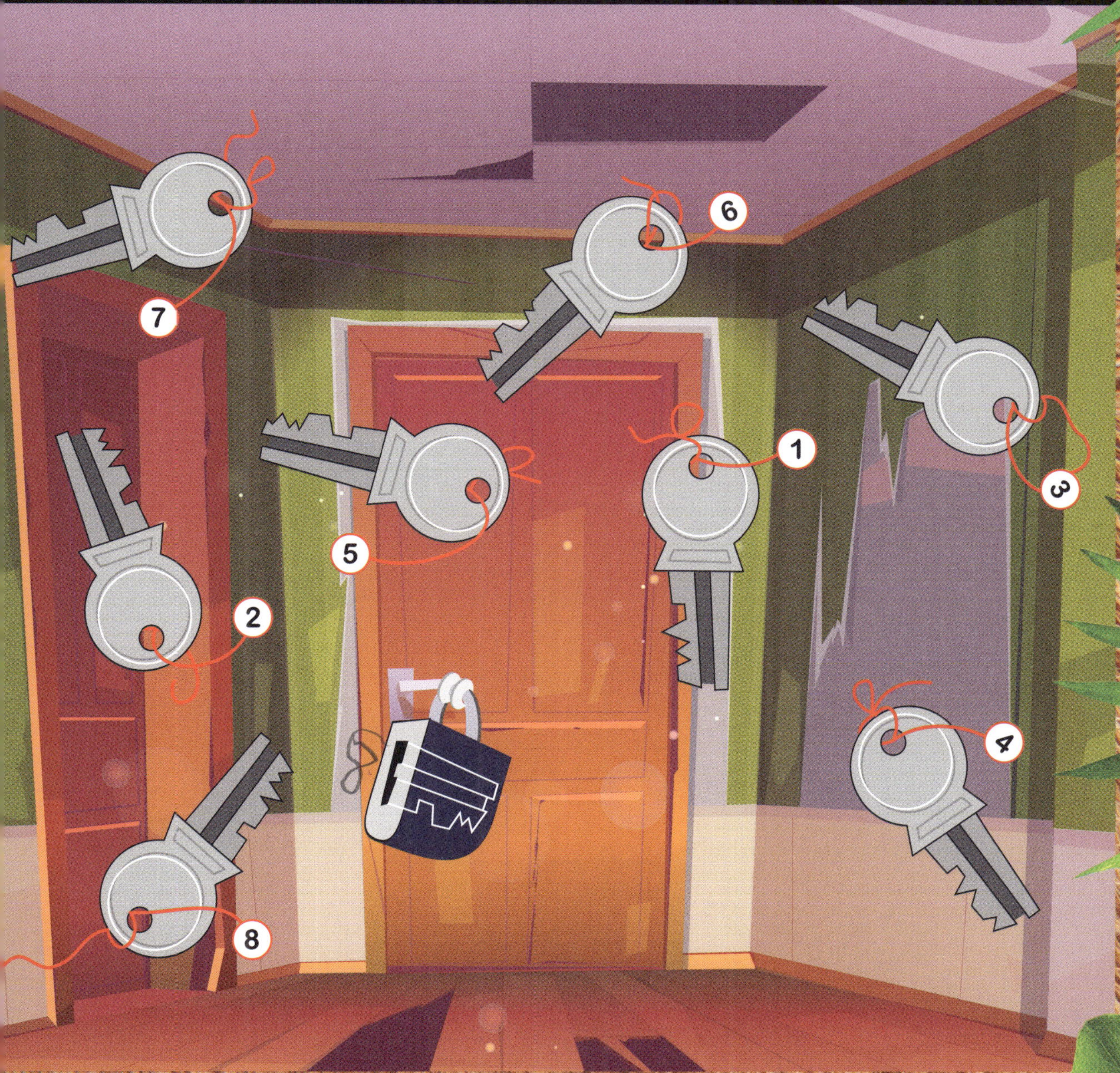

Jour 8

AURÉLIE ET TOI AVEZ PU VOUS ENFUIR, MAIS LA SOIGNEUSE EST INQUIÈTE. ELLE T'EMMÈNE À LA GARE ROUTIÈRE OÙ ATTENDENT DIFFÉRENTS BUS.

ELLE DESSINE ALORS DIFFÉRENTS SINGES SUR UN PAPIER ET TE GLISSE À L'OREILLE DE LES CLASSER PAR ORDRE DE POIDS POUR COMPRENDRE.

AIDE-TOI DU TABLEAU POUR CLASSER CES ANIMAUX DU PLUS LÉGER AU PLUS LOURD. TU TROUVERAS ALORS UN MOT.

Je crois que le client du restaurant est un...

| | | | | | | N | | | R |

NOM	POIDS (en kg)
colobe guéréza	9,75
maki catta	2,9
singe-écureuil de Bolivie	0,9
siamang	12,5
tamarin empereur	0,45
semnopithèque obscur	7
semnopithèque entelle	16,5
tamarin à crête blanche	0,42

Jour 9

TOUT T'A PARU TRÈS CLAIR QUAND TU AS COMPRIS LE MESSAGE D'AURÉLIE. CES HOMMES EN ONT APRÈS LE CENTRE DE RÉINTRODUCTION DES ORANGS-OUTANS ! VOUS AVEZ SAUTÉ DANS LE PREMIER BUS QUI PARTAIT POUR LE PARC NATIONAL OÙ SE CACHE LE CENTRE, MAIS C'EST ENCORE À UNE NUIT DE ROUTE. TU EN PROFITES POUR RÉFLÉCHIR À LA SUITE DE VOTRE ITINÉRAIRE.

AIDE-TOI DES INDICATIONS POUR LE TRACER SUR LA CARTE, EN PASSANT PAR TOUTES LES ÉTAPES EN ROUGE. OBSERVE BIEN LES DIFFÉRENTS ÉLÉMENTS ET REPÈRE OÙ SE TROUVE LE NORD.

- Ta destination, le centre qui accueille les orangs-outans, se trouve au nord-ouest du parc.
- Ton avant-dernière étape n'est pas du même côté de la rivière que le centre.
- Ta première étape est celle qui se trouve la plus à l'est.
- Ta troisième étape est au bord d'un lac.

Jour 10

Une fois au centre, vous comprenez tout de suite que vous arrivez trop tard. Une soigneuse est en pleurs, un bébé orang-outan dans les bras.

Elle vous raconte tout ce qu'il s'est passé dans le désordre.

Aide-toi des informations pour compléter la grille logiquement. Mets des croix lorsque deux éléments ne sont pas liés et des ronds quand ils le sont, comme sur l'exemple.

Des braconniers ont attaqué le centre et ont emporté avec eux trois bébés orangs-outans, chacun dans une direction différente et avec un moyen de transport différent. Trois soigneuses sont chacune parties à la rescousse d'un singe.

- Hawa a suivi des braconniers en direction du nord.
- Ghani n'a pas été emporté vers le sud et on l'a emmené à pied.
- Adilah est partie à la poursuite d'une barque qui n'est pas allée vers l'ouest.
- Hawa n'est pas partie à la poursuite d'une voiture.
- Rohani est en route pour récupérer Nana.

		Orang-outan			Direction			Transport		
		Sanusi	Ghani	Nana	Nord	Sud	Ouest	À pied	En voiture	En barque
Soigneuse	Adilah				X					
	Rohani				X					
	Hawa				O	X	X			
Transport	À pied									
	En voiture									
	En barque									
Direction	Nord									
	Sud									
	Ouest									

Réponse :

Soigneuse	Orang-outan	Direction	Transport
Adilah			
Rohani			
Hawa			

Jour 11

VOUS AIDEZ UNI, LA SOIGNEUSE RENCONTRÉE HIER, À REMETTRE LE CENTRE EN ÉTAT ET À SOIGNER TALIB, LE PETIT ORANG-OUTAN BLESSÉ DURANT L'ATTAQUE.

LA FEMME VOUS EXPLIQUE QUE LES JEUNES SINGES SONT VENDUS COMME ANIMAUX DE COMPAGNIE. LE CENTRE A VOCATION À SAUVER CES PETITS ORPHELINS POUR LEUR APPRENDRE À VIVRE DANS LA JUNGLE, COMME LE FERAIT LEUR PROPRE MÈRE.

SERS-TOI DU JEU PAGE 92 POUR RÉPONDRE À LA QUESTION CI-DESSOUS ET AIDER UNI À SAUVER LES PRIMATES ENLEVÉS.

L'un des groupes de braconniers, à cause de son mode de transport et de la direction qu'il a prise, sera plus facile à retrouver. Il n'a pu aller que dans une seule direction : laquelle ? Dessine une flèche depuis le centre de réintroduction pour la matérialiser. Quel orang-outan sera donc le plus facile à sauver ?

L'ORANG-OUTAN LE PLUS FACILE À SAUVER EST :

....

Jour 12

Malheureusement vous perdez presque une journée à rejoindre la rivière, puis à couper assez de bambous pour construire un radeau.

Il ne reste plus qu'à assembler tous les rondins.

Ajoute les symboles qui conviennent entre chaque bambou pour obtenir le résultat en bout de ligne.

Jour 13

LE JOUR SUIVANT VOUS AVEZ ENFIN EMBARQUÉ SUR VOTRE RADEAU DE FORTUNE. VOUS VOUS RELAYEZ POUR RAMER LE PLUS VITE POSSIBLE.

AU BOUT DE PLUSIEURS HEURES DE NAVIGATION, IL Y A SOUDAIN BEAUCOUP DE COURANT. AURÉLIE ET TOI ÊTES AU DÉBUT TRÈS CONTENTS DE NE PLUS AVOIR À RAMER, MAIS VOUS DÉCHANTEZ VITE EN APERCEVANT DES RAPIDES.

DANS CETTE GRILLE, CHAQUE CHIFFRE INDIQUE LE NOMBRE DE ROCHERS QUI L'ENTOURENT HORIZONTALEMENT, VERTICALEMENT OU EN DIAGONALE. ON NE TROUVE QU'UN SEUL ROCHER PAR CASE. DESSINE UN POINT ROUGE DANS LES 6 CASES OÙ SE TROUVENT LES ROCHERS, EN PLUS DU POINT DÉJÀ DESSINÉ, POUR AVANCER SANS DANGER. BARRE LES CASES OÙ IL N'Y A PAS DE ROCHER.

1			X	1	X	0
2		1	X	●	X	
		0	2		3	1
	1	1		3		
	0			3	2	
			1			1

Indice : commence par barrer les cases blanches autour des 0.

Jour 14

C'EST LE LENDEMAIN APRÈS-MIDI QUE VOUS RETROUVEZ LE BATEAU DES BRACONNIERS. VOUS LE RECONNAISSEZ GRÂCE À TOUTES LES CAGES QU'IL CONTIENT.

IL EST ATTACHÉ AU BORD DE L'EAU. AURÉLIE TE DIT DE RESTER PRÈS DE LA BERGE ET DE L'ALERTER SI UN AUTRE BATEAU ARRIVE. ELLE S'ÉLOIGNE EN DIRECTION D'UN CAMPEMENT. POURVU QU'IL NE LUI ARRIVE RIEN !

EN ATTENDANT TON AMIE, ESSAIE DE RETROUVER SANUSI DANS LE BATEAU. IL SE TROUVE AU SEUL ENDROIT QUI N'EST PAS INDIQUÉ PAR UNE FLÈCHE. ÉCRIS CHAQUE MOT AU BOUT DE LA BONNE FLÈCHE ET ENTOURE LE MOT RESTANT.

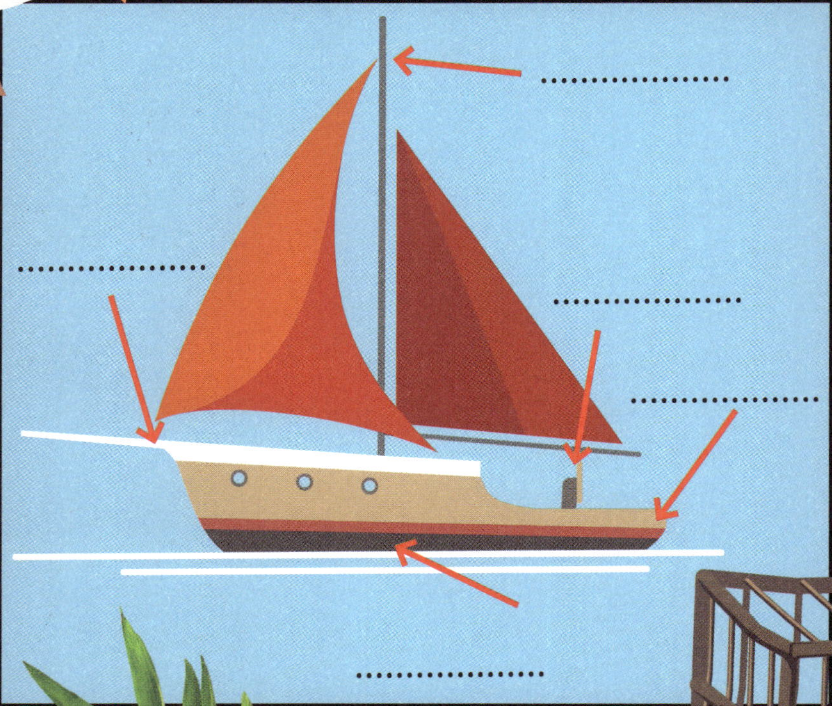

- le gouvernail
- la poupe
- le mât
- la cabine
- la coque
- la proue

Jour 15

VOUS AVEZ EU BEAUCOUP DE CHANCE : LES BRACONNIERS N'ÉTAIENT PAS LÀ. AURÉLIE, ADILAH, QUI ÉTAIT CACHÉE PRÈS DU CAMP, ET TOI, AVEZ LIBÉRÉ LES ANIMAUX ENFERMÉS. IL Y AVAIT MÊME UN MAGNIFIQUE TIGRE DE SUMATRA. SANUSI EST MAINTENANT ENDORMI DANS LES BRAS DE SA SOIGNEUSE TANDIS QU'AURÉLIE ET TOI ESSAYEZ DE REMONTER LE COURANT. DE RETOUR AU CENTRE, UNI VOUS POSE TOUT DE SUITE UNE ÉNIGME.

RÉSOUS-LA ET ENTOURE LA RÉPONSE SUR LA CARTE !

MON PREMIER EST LE CRI DE LA VACHE.
MON DEUXIÈME EST LA NOTE DE MUSIQUE QUI SUIT SOL DANS LA GAMME.
MON TROISIÈME EST L'ANTONYME DE LAID.
MON TOUT EST LA VILLE DE SUMATRA OÙ LES BRACONNIERS ONT EMPORTÉ NANA.

Jour 16

Uni se propose d'accompagner Aurélie pour chercher Nana tandis que tu restes avec Adilah. La soigneuse t'explique beaucoup de choses sur les orangs-outans. Elle aimerait que tu devines combien d'années un petit reste auprès de sa mère avant de vivre seul dans la jungle.

Complète chacun des sept blocs d'une ou plusieurs cases avec des chiffres de 1 à 5. S'il n'y a qu'une case, il s'agit forcément du 1, s'il y en a trois, il faudra inscrire les chiffres 1, 2 et 3. Attention deux mêmes chiffres ne peuvent jamais se trouver côte à côte, même en diagonale, et il n'y a qu'une seule solution possible. À la fin, additionne les trois cases plus claires pour trouver la solution.

	3			3
4			2	5
1			3	
	2		4	

Un petit orang-outan reste environ ☐ ans auprès de sa mère.

Jour 17

La nuit suivante tu es réveillé en sursaut par les cris de Sanusi et Talib. Un homme est en train d'attraper Sanusi par la peau du cou.

Tu ramasses une pierre pour la lancer sur le braconnier. Il faut que tu l'assommes sans blesser le singe.

Pour bien viser, observe les formes entières et complète la grille avec leurs parties. Deux formes entières ne se touchent jamais, même en diagonale. Les chiffres t'indiquent le nombre de parties de formes dans chaque ligne et chaque colonne.

Formes entières

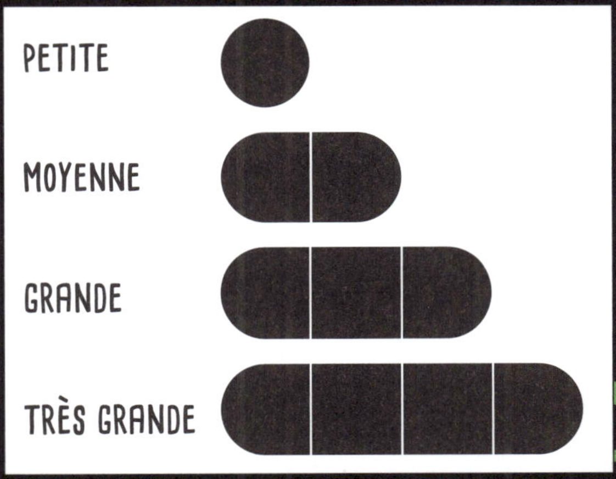

Indice : commence par barrer la ligne marquée d'un 0.

Jour 18

Bravo, tu l'as eu ! L'homme qui a fait irruption au camp hier était seul. Adilah a appelé des rangers du parc national de Leuser en renfort.

Ils ont livré le braconnier à la police et ont proposé de rester avec vous. Le lendemain, Aurélie, Rohani et Uni reviennent avec Nana, mais pas seulement.

Pour deviner à quoi ressemble l'animal qui les accompagne, relie par un chemin les cases qui ont le même chiffre, en passant par le nombre de cases qu'indique ce même chiffre, comme sur l'exemple. Attention, les chemins ne vont jamais en diagonale, ne passent pas par les cases barrées, et ne doivent pas se croiser. Quand tu es certain qu'un chemin est correct, colorie-le.

					6			/								
				1		/			4			4				
			3			5		6					1			
								/	3					1		
			3				/	3							2	
		1			6		5								2	
	1		2	2										4		1
3	/	1						4			4					
	3						4					5				
						/							/	4		
					6	4								5		

Indice : commence par colorier toutes les cases qui contiennent un 1, et qui ne sont donc reliées à aucune case.

Jour 19

HAWA ET GHANI SONT TOUJOURS ABSENTS, MAIS LES RANGERS SONT LÀ POUR VOUS AIDER. L'UN D'EUX A REPÉRÉ LES MARQUES DU PASSAGE DES BRACONNIERS.

AURÉLIE ET TOI LE SUIVEZ DANS LA JUNGLE : CETTE TRAQUE TE RAPPELLE BEAUCOUP TON SÉJOUR DANS L'AIN ! AU BOUT DE PLUSIEURS HEURES, LE RANGER VOUS FAIT SIGNE DE VOUS ARRÊTER EN SILENCE. IL TE REMET CE DRÔLE DE MESSAGE.

QUE VEUT-IL DIRE ?

1	2	3	4	5	6	7	8	9
A	B	C	D	E	F	G	H	I
10	11	12	13	14	15	16	17	18
J	K	L	M	N	O	P	Q	R
19	20	21	22	23	24	25	26	
S	T	U	V	W	X	Y	Z	

J'AI VU UN :

J A I M A · H A B O

\+ E T I F L A D · G D

= O ... ...

Jour 20

L'ours vous a croisés sans faire attention à vous. Vous avez passé la nuit dans la jungle, dans des hamacs. Au petit matin, le ranger te réveille.

Il est accompagné d'Hawa. Elle vous apprend que le petit Ghani est enfermé dans un camp de braconniers. Vous vous dépêchez de le rejoindre mais à votre grande surprise, tous les hommes sont assommés et il n'y a aucune trace de Ghani. Le ranger observe les lieux, puis lève les yeux vers les arbres, avant de prononcer une sorte de poème.

Découvre vite le message caché dans ce poème : 7 mots forment une phrase cohérente quand on la prononce à voix haute.

Ghani a disparu au plus profond de la jungle... Il
a vécu aux côtés des hommes durant plusieurs
étés, mais il était écrit qu'il devait se
sauver. Ghani restera toujours un être à
part dans le cœur d'Hawa, bien qu'elle sache que
sa place est ici. Il restera pourtant comme un membre de la
famille.

Indice : attention, cette phrase ne se lit pas de gauche à droite, ni de droite à gauche.

Jour 21

Hier, tu as levé les yeux vers les arbres toi aussi. Des dizaines d'orangs-outans se tenaient là, dont un bébé qui était accroché à sa mère.

Tu as compris qu'il s'agissait de Ghani, qui avait retrouvé sa vie d'avant le centre. Hawa et Aurélie avaient les yeux brillants quand vous êtes repartis.

Aujourd'hui, vous rentrez déjà en France. Dans l'avion, Aurélie te tend un petit mot qu'elle a écrit sur sa serviette en papier avant de s'endormir.

Déchiffre-le vite.

toi. à grâce rêve mon réalisé j'ai Merci,

Cercle polaire arctique
Alaska
Canada
Russie
MER DE
BEAUFORT
OCÉAN
ARCTIQUE
Île
Victoria
Île de Baffin
Baie de Baffin
GROENLAND
MER DE
WANDEL
MER
DE
BARENTS
MER DE
NORVÈGE
Finlande
MER DU
GROENLAND
OCÉAN
ATLANTIQUE

La disparition de l'ourse

Peu de temps après votre retour de Sumatra, la directrice vous informe qu'une association de protection de la faune du Groenland a lancé un appel à l'aide. Une oursonne, Kaja, qu'ils suivaient depuis plusieurs mois grâce à un collier GPS, a disparu depuis quelques jours. L'association cherche des bénévoles pour partir à sa recherche, car elle a pu être la proie de chasseurs.

Bérénice, la responsable du secteur aquatique, se porte tout de suite volontaire, ainsi qu'Amandine, une soigneuse du même secteur. Cyril et Margaux, les deux vétérinaires du zoo, seront aussi du voyage. Tu hésites un peu, car c'est un long trajet en bateau, mais c'est une occasion inespérée de voir des ours polaires dans leur milieu naturel. Tu es ainsi la dernière personne à lever la main.

IL Y A DE NOMBREUSES CHOSES À PRÉPARER AVANT LE DÉPART : ORGANISER LE TRANSPORT ENTRE LE ZOO ET LE PORT DE BREST, PUIS LE TRANSPORT DANS LE BATEAU, ET ENFIN REJOINDRE LA BASE DE L'ASSOCIATION.
EN PLUS DE CES OCCUPATIONS, TU DÉCIDES DE TE RENSEIGNER PLUS PRÉCISÉMENT SUR L'OURS POLAIRE. TU SAIS DÉJÀ QUE CET ANIMAL, LE PLUS GRAND CARNIVORE TERRESTRE AU MONDE, EST TRÈS MENACÉ PAR LE RÉCHAUFFEMENT CLIMATIQUE. MAIS IL TE RESTE ENCORE TANT À APPRENDRE !

FICHE D'IDENTITÉ

Nom commun : ours polaire

Nom latin : ursus ....

Espèce/Famille : ursidé ursiné

Classe : mammifère

Taille moyenne (au garrot) : 1,3 m (jusqu'à 3 m debout)

Poids moyen : .... kg pour les femelles et 600 kg pour les mâles

Signe distinctif : petites oreilles arrondies, pattes puissantes, long museau, épaisse fourrure blanche

Vitesse maximale : .... km/h

Habitat : banquise, terre ferme et dans l'eau

Régime alimentaire : omnivore, prédominance carnivore

Comportement : animal solitaire qui rencontre ses congénères uniquement durant les périodes de reproduction. Il hiberne l'hiver.

Cri : grognement, grondement, hurlement

Jour 1

Aujourd'hui, tu passes du temps avec Bérénice et Amandine, les soigneuses du secteur aquatique. Ensemble, vous préparez votre voyage au Groenland. Elles t'expliquent beaucoup de choses à propos des ours polaires.

Pour connaître le poids moyen d'une femelle, compte le nombre de triangles dans ce dessin, puis résous le calcul.

(Nombre de triangles + 4) × 10 = poids moyen d'une femelle en kilos.

Une femelle pèse en moyenne .... kg.

Remplis ta fiche en page 106.

Jour 2

LA VEILLE DU DÉPART, BÉRÉNICE, RESPONSABLE DU SECTEUR AQUATIQUE, ET TOI OBSERVEZ LES OURS POLAIRES EN TRAIN DE S'AMUSER DANS L'EAU.

ELLE TE DIT QUE L'OURS POLAIRE EST UN TRÈS BON NAGEUR ET QUE SON NOM LATIN FAIT RÉFÉRENCE À CETTE PARTICULARITÉ.

POUR LE COMPLÉTER SUR TA FICHE, IMAGINE QUE CES DEUX TABLEAUX SONT SUPERPOSÉS ET SÉLECTIONNE SEULEMENT LES LETTRES QUI T'INTÉRESSENT.

G	L	V	I	M	F	L	C	I	R	K
A	S	A	M	V	R	E	U	V	F	R
I	I	L	H	K	G	T	V	U	B	D
O	V	L	B	Y	E	U	P	Ù	B	X
Z	T	U	M	I	P	V	D	A	E	U
B	K	I	R	P	N	X	W	O	M	U
R	D	H	M	N	K	Y	R	T	Q	W
P	J	D	U	R	H	L	P	O	N	V
J	B	G	F	T	U	K	E	G	L	U
I	O	U	F	H	K	C	S	K	M	B

URSUS _ _ _ _ _ _ _ _ _

Remplis ta fiche en page 106.

Jour 3

C'EST LE JOUR DU DÉPART. PUISQUE VOUS ALLEZ BIENTÔT PASSER PLUSIEURS JOURS SUR UN BATEAU, LES SOIGNEUSES PROPOSENT DE FAIRE LA COURSE LE LONG DE L'ENCLOS DES OURS POLAIRES, POUR VOUS DÉFOULER.

À TRAVERS LA VITRE DE SON PARC, TU VOIS QUINTANA VOUS SUIVRE EN COURANT, ELLE AUSSI. AMANDINE TE POSE ALORS UNE DRÔLE D'ÉNIGME POUR TE FAIRE DEVINER LA VITESSE MAXIMALE D'UN OURS POLAIRE.

SAURAS-TU LA RÉSOUDRE ?

TU AS REMARQUÉ COMME NOS TALKIES-WALKIES FONCTIONNAIENT BIEN ? QUAND JE TE PARLE, TU ME REÇOIS 5 SUR COMBIEN ? MULTIPLIE CE CHIFFRE PAR 10 POUR OBTENIR LA VITESSE MAXIMALE D'UN OURS POLAIRE.

_______ KM/H

Remplis ta fiche en page 106.

Jour 4

CYRIL, MARGAUX, BÉRÉNICE, AMANDINE ET TOI VENEZ TOUT JUSTE D'ARRIVER AU PORT DE BREST.

MAIS IL VOUS RESTE ENCORE UNE LONGUE CROISIÈRE AVANT D'ARRIVER À DESTINATION, AU GROENLAND. À BREST, VOUS DEVEZ TROUVER LE BON BATEAU.

COMPLÈTE CETTE GRILLE EN DESSINANT CHAQUE BATEAU DE SORTE QU'IL APPARAISSE UNE FOIS DANS CHAQUE LIGNE, CHAQUE COLONNE ET CHAQUE RECTANGLE DE SIX CASES. VOUS EMBARQUEREZ DANS CELUI QUI SE TROUVE DANS LA CASE JAUNE.

Jour 5

LE PREMIER JOUR DE NAVIGATION SE PASSE BIEN, MAIS, AU BOUT DE QUELQUES HEURES, TU COMMENCES DÉJÀ À TROUVER LE TEMPS LONG.

IL N'Y A PAS BEAUCOUP DE DISTRACTIONS DANS UN BATEAU ! POUR VOUS OCCUPER, MARGAUX TE PROPOSE DE JOUER À DES JEUX DE SOCIÉTÉ. APRÈS AVOIR OBSERVÉ UN DÉ, LA VÉTÉRINAIRE DESSINE UNE ÉNIGME SUR UN PAPIER.

RÉSOUS-LA !

ENTOURE LE SEUL DÉ QUI CORRESPONDE À CE DESSIN.

Jour 6

LE JOUR SUIVANT EST TOUT AUSSI MONOTONE. TU SORS PRENDRE L'AIR SUR LE PONT. CYRIL EST EN TRAIN D'OBSERVER LA MER AVEC DES JUMELLES.

IL TE DIT QU'IL A REPÉRÉ UN POISSON-LUNE PRÈS DE LA SURFACE.

POUR MIEUX LE VOIR, RETROUVE LES PIÈCES MANQUANTES ET FINIS LE PUZZLE.

Jour 7

Ce matin, Margaux te fait venir dans la cabine d'Amandine. La soigneuse a le mal de mer depuis que vous avez embarqué, et cela a empiré.

La vétérinaire te demande d'aller chercher des médicaments dans sa cabine tandis qu'elle reste au chevet d'Amandine. En ouvrant sa valise, tu trouves plusieurs flacons.

Aide-toi des indications de Margaux pour trouver le bon.

- Le bouchon du flacon n'est pas rouge.
- Ce n'est pas un spray.
- Il n'est pas jaune.
- Il est plus haut que large.

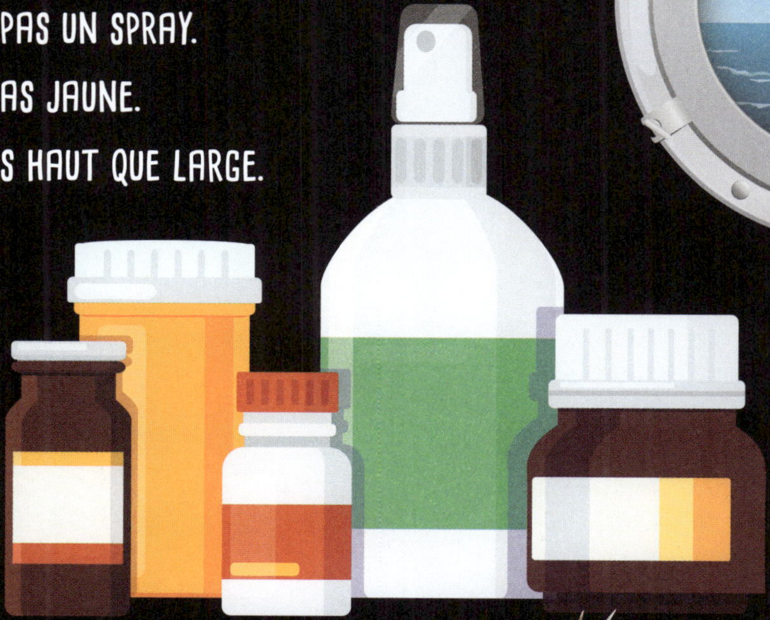

Jour 8

Vous apercevez enfin les premiers icebergs. Tout est si différent de ce que tu connais ! Tous tes sens sont en alerte.

Retrouve le nom de chacun des cinq sens pour compléter cette grille et faire apparaître un mot verticalement.

T				H		
		G			T	
		O			E	
	D					

Jour 9

C'est votre dernier jour à bord du bateau. Depuis hier, vous naviguez entre les icebergs. Tu es assis sur le pont.

Soudain, Amandine te dit de regarder sur la banquise, à une centaine de mètres. Vous pouvez voir plusieurs animaux différents, mais l'un d'eux n'a rien à faire là. Son habitat se trouve dans l'hémisphère sud.

Retrouve-le vite !

L'animal qui n'est pas à sa place est : ....

Jour 10

Hier soir vous avez retrouvé un musher, un homme qui possède des chiens de traîneau. Il vous a hébergés pour la nuit.

Ce matin, il vous emmène dans les terres, où vous retrouverez bientôt les membres de l'association. Il a une question pour toi.

Aide-toi des informations de ta fiche p. 106 pour y répondre.

- Le traîneau qui transportera tout le matériel pèse 50 kg à vide.
- Le poids du matériel est de 50 kg en dessous du poids moyen d'une femelle ourse polaire.
- Un chien husky peut tirer une charge de 25 kg et un chien malamute une charge de 35 kg.
- Il y a en tout 10 huskies et 5 malamutes disponibles.

De combien de chiens de traîneau avons-nous besoin, au minimum, pour tirer le traîneau ?

Il faudra, au minimum ☐ chiens
(☐ chiens huskies et ☐ chiens malamutes)

Jour 11

Au bout d'une journée et demie de voyage, vous arrivez près d'une péninsule réputée pour accueillir de nombreuses espèces animales.

Pour ne pas les effrayer avec les chiens, le musher reste en retrait tandis que vous vous en approchez doucement. Vous êtes émerveillés par la vue des nombreux oiseaux, des phoques et des otaries. Bérénice a même repéré une orque. Mais soudain, Cyril vous dit qu'il aperçoit un animal dangereux.

Supprime toutes les lettres qui apparaissent en double pour deviner de quoi il s'agit.

K Z O H J Y G D I F U W R H S X

B T G J L W A Y D I N C F T K X Z

Jour 12

Vous avez dû vous éloigner rapidement hier, pour éviter un grand ours polaire mâle. Heureusement, il ne vous a pas vus.

Bérénice et Amandine ont tout de même préféré faire un détour pour ne prendre aucun risque. Vous vous retrouvez bientôt face à un grand iceberg plat qui héberge de nombreux phoques du Groenland. Bérénice te propose un petit quiz à leur sujet.

Coche la bonne réponse !

1. L'ours polaire est l'un des principaux prédateurs du phoque du Groenland.
   - Vrai
   - Faux

2. Les bébés phoques du Groenland sont tous blancs.
   - Vrai
   - Faux

3. On ne retrouve cette espèce qu'au Groenland.
   - Vrai
   - Faux

4. Les phoques sont des mammifères.
   - Vrai
   - Faux

5. Les phoques du Groenland se nourrissent principalement d'algues.
   - Vrai
   - Faux

6. Les petits naissent directement sur la glace de la banquise.
   - Vrai
   - Faux

Jour 13

Après une nouvelle nuit en bivouac dans le Grand Nord, vous êtes enfin arrivés à la base de l'association de protection de la faune du Groenland. Le président, John, est un Américain. Il vous explique ce qu'il s'est passé avec Kaja.

Lis attentivement toutes ces étapes et classe-les dans l'ordre qui te paraît le plus cohérent pour faire apparaître un mot.

C. Elle a soudain changé de direction.

T. Kaja avançait en direction du nord.

E. Son collier a arrêté d'émettre.

R. L'oursonne s'est arrêtée.

A. Elle est repartie, toujours vers le nord.

Jour 14

Le président de l'association te dit qu'il n'a trouvé aucune trace de l'oursonne, mais que les bénévoles continuent de surveiller tous les signaux GPS. D'autres animaux portent des colliers dans le secteur. Tu proposes ton aide pour aller vérifier à quel animal correspond chaque signal.

Relie chaque animal à son double en traçant des traits horizontaux et verticaux, mais pas en diagonale. Toutes les cases de la grille seront traversées par un trait. Attention, les chemins ne peuvent ni se croiser ni passer par une même case ni passer par-dessus un autre animal.

Jour 15

Tu as repéré un ours avec un collier, mais il était trop loin pour pouvoir vérifier qu'il s'agissait bien de Kaja.

Le président de l'association te demande de suivre le signal émis par son collier sur un écran, pour déterminer dans quel secteur il se trouve maintenant.

Aide-toi du code couleur pour diviser la grille en 9 carrés ou rectangles différents, comme sur l'exemple. Chaque case doit faire partie d'une forme. Attention, chaque forme contient un seul chiffre, qui correspond au nombre de cases dans celle-ci.

		6			
4				6	
			3		
	2		2		
				4	
	6				3

		6			4
			2		
		6			2
4	2				
				6	
		4			

EXEMPLE

Jour 16

CYRIL, TOI ET D'AUTRES MEMBRES DE L'ASSOCIATION SUIVEZ LE GPS ET PARVENEZ DEVANT UN GENRE DE GRAND ENTREPÔT.

VOUS VOUS APPROCHEZ DISCRÈTEMENT DU BÂTIMENT. DES HOMMES ARMÉS FONT DES RONDES TOUT AUTOUR. PRÈS DE L'ENTRÉE, TU REMARQUES UN ÉTRANGE PANNEAU.

TROUVE LA LETTRE QUI MANQUE DANS CHAQUE TABLEAU POUR COMPLÉTER LES MOTS VERTICAUX, HORIZONTAUX ET EN DIAGONALE. LES CASES COLORÉES TE DONNERONT UN MOT DE 8 LETTRES.

A		M		L
	C	E	I	
B	O		T	E
	U	A	I	
O		L		F

C		T		S
	A	E	I	
F	O		C	E
	B	R	T	
A		E		E

F		G		R
	R	L	I	
P	E		U	X
	L	C	I	
C		E		S

A		L		E
	L	A	P	
P	E		I	N
	A	I	H	
N		N		A

L		C		R
	U	H	U	
P	O		M	E
	O	N	U	
S		E		R

D		R		E
	O	O	V	
B	A		M	E
	E	T	C	
V		E		E

Jour 17

Vous vous cachez. Au bout d'un moment, tu aperçois l'ours que tu avais repéré de loin. Il porte bien un collier, mais ce n'est pas Kaja. Heureusement pour lui, les gardes ne le voient pas et il s'éloigne.

Vous attendez la nuit pour pénétrer dans le bâtiment. Tu trouves le collier de Kaja, mais il est cassé. Vous entendez alors deux hommes se disputer au sujet d'une oursonne qui se serait enfuie. Il s'agit de Kaja ! Vous devez absolument la retrouver avant ces trappeurs !

Replace les lettres dans le bon ordre pour deviner dans quelle direction l'ourse est partie.

SURVOLTÉES

□□□□ □'□□□□□

Jour 18

Le lendemain vous naviguez toute la journée vers l'ouest et tombez sur deux ours polaires qui jouent ensemble.

Le président de l'association reconnaît vite Kaja ainsi que le mâle rencontré il y a quelques jours. Tu remarques aussi un piège non loin d'eux. Tu ne réfléchis pas et files dans sa direction, en essayant de ne pas te faire repérer par les ours.

Pour refermer le piège, trace une seule ligne droite pour séparer ces rouages en deux parties égales. Chaque sorte d'engrenage doit apparaître une seule fois de chaque côté de la ligne.

Jour 19

TU AS PU DÉSAMORCER LE PIÈGE, ET LES DEUX OURS SE SONT ÉLOIGNÉS. IL NE VOUS RESTE QUE DEUX JOURS POUR VOUS ASSURER QUE KAJA EST EN SÉCURITÉ.

VOUS ATTENDEZ QUE LES TRAPPEURS (LES CHASSEURS QUE VOUS AVEZ DEVANCÉS) VIENNENT PRÈS DE LEUR PIÈGE POUR LES ABORDER. ILS NE PARLENT NI FRANÇAIS NI ANGLAIS ET SEMBLENT TRÈS ÉNERVÉS. L'UN D'EUX FINIT PAR TE DONNER UN PAPIER POUR SE FAIRE COMPRENDRE.

TRACE DES TRAITS DANS CHAQUE CASE EN T'AIDANT DU CODE.

|1 2 3 4| 5 6 7

7	2	6	7	2	2	2	2	2	6	7	2	6
1												4
6												7
	1			5				5			4	
	1										4	
	1			7	2	2	2	6			4	
	1			1	7	2	6	4			4	
	6			1	6	3	7	4			7	
		6		6	3	3	3	7		7		
			6	3	3	3	3	3	7			

Jour 20

Tu as passé une bonne partie de la nuit à discuter avec les trappeurs. Ils t'ont expliqué qu'ils vivent en vendant des peaux d'ours depuis des générations. Tu as essayé de leur faire comprendre à quel point il est important de préserver cette espèce menacée. Tu ne sais pas s'ils changeront d'avis, mais tu espères avoir semé une graine. Avant de partir, vous reprenez les traîneaux pour suivre les traces des ours dans la neige. Au bout de quelques heures, vous tombez sur un groupe d'ours polaires.

Pour repérer Kaja parmi eux, trouve la seule flèche qui indique un ours.

Jour 21

Vous êtes rassurés en voyant que Kaja n'est pas seule. Le président de l'association décide même de ne pas lui remettre de collier et de la laisser vivre sa vie avec ses nouveaux compagnons.

Cette nouvelle mission est une réussite ! Vous rentrez, en avion cette fois, pour la France. À ton arrivée au Zoo, tu vas directement voir Quintana. La directrice t'y retrouve et tu lui racontes votre aventure. Ton stage se termine cette semaine. Tu es triste de faire tes adieux à tous les habitants du zoo. Avant de partir, la directrice te remet un message codé.

Sauras-tu le décrypter ?

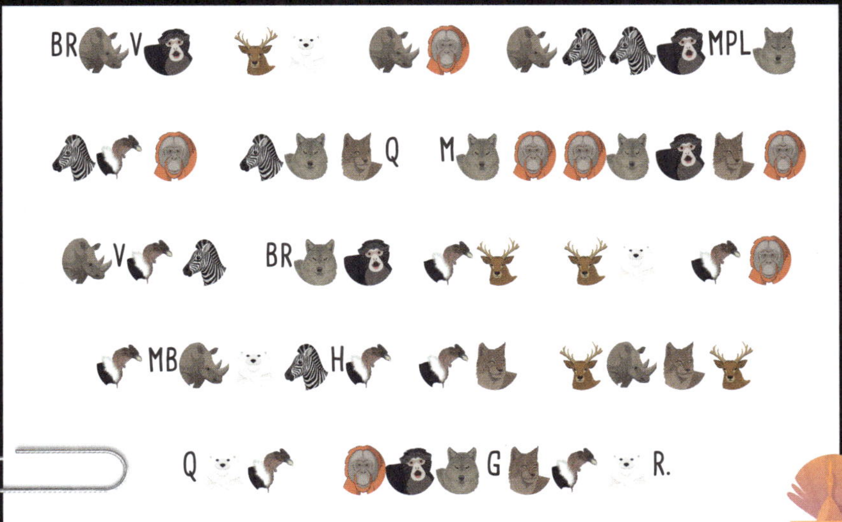

SOLUTIONS

Au secours des rhinocéros blancs !

PAGE 10 :

Espèce/Famille : rhinocérotidé
Signe distinctif : deux cornes, une petite et une grande
Régime alimentaire : herbivore

PAGE 11 :

Les rhinocéros sont en train de brouter de l'herbe. Ce sont donc des herbivores.

PAGE 12 :

« Deux cornes, une petite et une grande. »

F	C	O	M	P	O	R	T	E	M	E	N	T
R	A	D	A	E	U	H	X	E	A	C	U	O
E	R	M	N	N	E	I	S	R	M	S	D	U
P	P	N	I	E	B	N	A	I	M	A	I	G
R	P	E	M	L	E	O	V	O	I	F	V	R
O	T	I	A	T	L	C	A	T	F	R	I	O
D	E	N	L	U	E	É	N	I	È	I	D	U
U	C	A	L	M	E	R	E	R	R	Q	N	P
C	T	U	S	D	I	O	P	R	E	U	I	E
T	P	E	T	I	T	S	N	E	E	E	L	G
I	U	A	E	P	U	O	R	T	R	Â	A	N
O	F	E	M	E	L	L	E	U	M	É	D	E
N	A	L	I	M	E	N	T	A	T	I	O	N

PAGE 13 :

Rhinocérotidés (riz-no-C-rôti-dé).

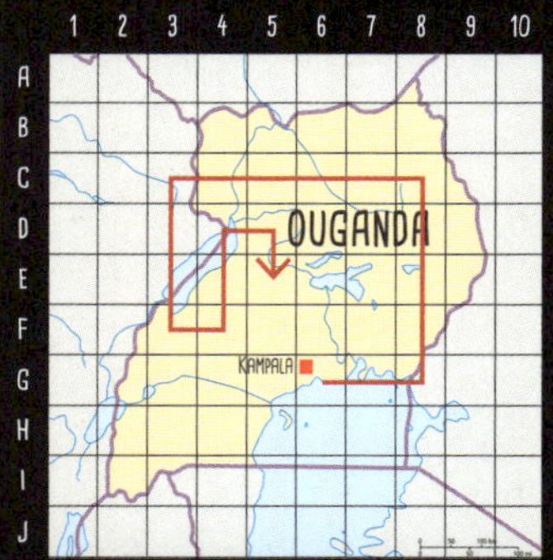

PAGE 14 :

La réserve est en E5.

PAGE 15 :

« La clôture électrique a été détruite au sud-est d
parc, près de la rivière Lugogo. »

PAGE 16 :

• poids du rhinocéros = 2,5 t, soit 2500 kg. La moit
est donc 1250 kg.
• vitesse du rhinocéros = 50 km/h, soit 14 m/s (50 e
la moitié de 100, donc il faut prendre la moitié de 28)
• la formule est donc : [1250 × (14 × 14)] ÷ 100
• en posant l'opération 14 × 14 on obtient 196, donc l
formule devient (1250 × 196) ÷ 100
• en posant l'opération 1250 × 196, on obtient 245 00
÷ 100 = 2450.
Le résultat n'est pas supérieur à 10 000, ça peut don
être un rhinocéros.

PAGE 17 :

« Quelqu'un a pu droguer l'animal de l'intérieur du parc. »

PAGE 18 :

Le suspect ne peut pas être le troisième ranger, car il a l
peau claire, ni le cinquième, qui est une femme. Il ne pe
pas non plus être le deuxième, qui porte un sac à dos, ni l
quatrième, qui n'a pas de chapeau. Le suspect est donc l
premier ranger.

PAGE 19 :

Les traces des rhinocéros partent vers l'est.

E F C B D A

SOLUTIONS

Au secours des rhinocéros blancs !

PAGE 20 :

117	7	8	84	2
16	61	12	9	61
18	349	36	9	54
646	5	993	17	12
4	20	4	10	448

PAGE 21 :

Pour s'échapper il faut trouver l'intrus parmi les objets dessinés. Un seul d'entre eux n'apparaît pas en double, c'est donc celui-ci le bon.

PAGE 22 :

« Nous allons les prendre par surprise. »

PAGE 23 :

Tu dois lire uniquement les lettres qui sont en gras et en majuscule alors qu'elles ne devraient pas pour obtenir une phrase cachée : « À amener à Nairobi. »

PAGE 24 :

Il faut classer les animaux du plus grand au plus petit pour obtenir « Marché noir ».

PAGE 25 :

Le chemin le plus rapide est le D.

PAGE 26 :

Les rhinocéros blancs sont ceux de gauche car ils ont deux cornes.

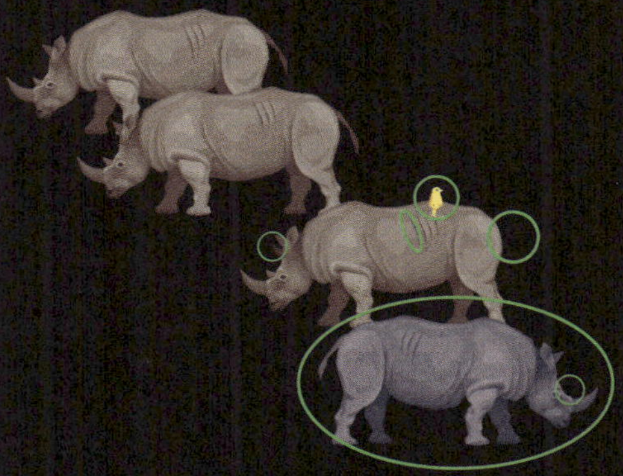

PAGE 27 :

Il faut changer l'ordre des lettres pour obtenir d'autres mots. « À la téroorp » est une anagramme de « À l'aéroport ».

PAGE 28 :

SOLUTIONS

Au secours des rhinocéros blancs !

PAGE 29 :

Il faut décaler l'alphabet de deux lettres pour décoder le message (A devient Y, B devient Z, C devient A...).
« Les braconniers et leurs patrons sont en prison. On se retrouve demain à la réserve. »

PAGE 30 :

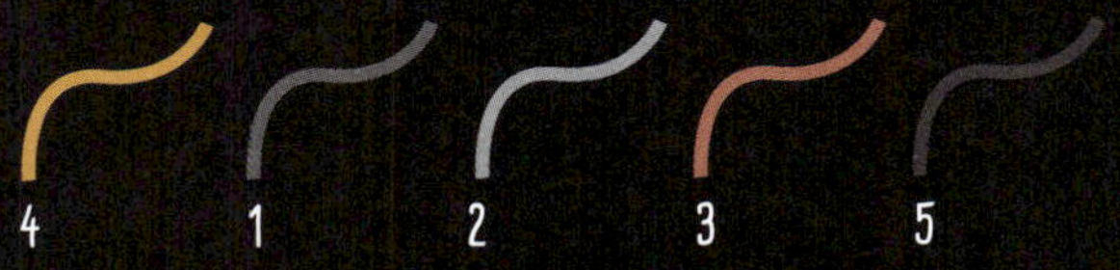

PAGE 31 :

« Bravo ! On a gagné ! » (1. bras ; 2. veau ; 3. on ; 4. na ; 5. gars ; gné).

SOLUTIONS

SOS condors

PAGE 34 :

Taille moyenne : 3m ailes déployées

Poids moyen : 9kg pour les femelles

Régime alimentaire : charognard

PAGE 35 :

Le condor des Andes et un charognard.

PAGE 36 :

La femelle condor des Andes pèse en moyenne 9kg.

7	4	6	3	9	5	2	1	8
9	3	5	2	1	8	6	4	7
8	1	2	7	6	4	9	3	5
3	6	4	1	2	7	8	5	9
5	9	8	4	3	6	1	7	2
2	7	1	8	5	9	3	6	4
6	2	7	5	8	3	4	9	1
4	8	3	9	7	1	5	2	6
1	5	9	6	4	2	7	8	3

PAGE 37 :

Le condor des Andes mesure 3m lorsque ses ailes sont déployées.

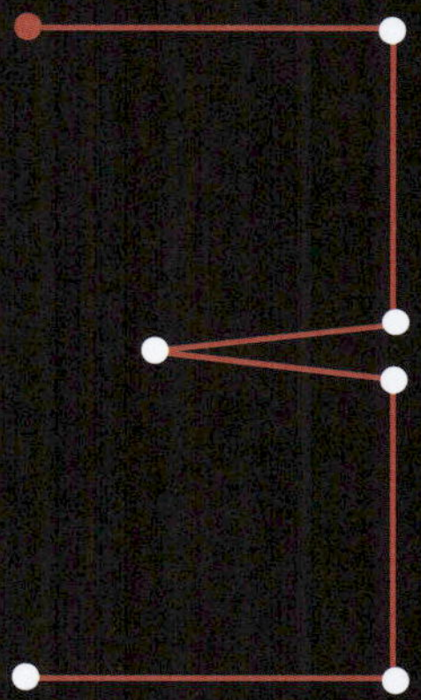

PAGE 38 :

1. Faux, il se trouve au bord de l'océan Pacifique.
2. L'Argentine
3. Les tortues géantes
4. L'espagnol
5. Les grands déserts de sel

PAGE 39 :

« Les deux ornithologues ont installé une balise GPS sur le dos d'un condor mâle pour connaître ses habitudes. Il faut un appareil qui puisse résister à la pression atmosphérique, car les condors peuvent monter jusqu'à 5000 m d'altitude. »

PAGE 40 :

Le détail D n'est pas exactement le même que sur l'image.

SOLUTIONS

SOS condors

PAGE 41 :

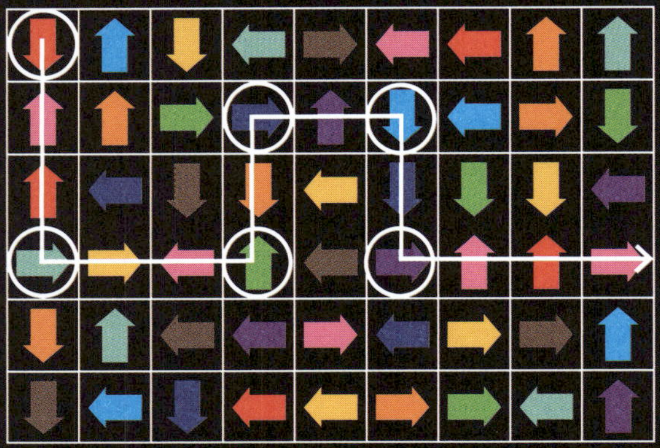

PAGE 42 :

« Rejoins-moi à minuit. »
Il faut s'aider du nombre et de la couleur de chaque symbole pour les transformer en lettres.

PAGE 43 :

PAGE 44 :

Destination : Volcan Cotopaxi

PAGE 45 :

Il y a 21 condors.

PAGE 46 :

Le restaurant s'appelle « Le Venezuela ».
L'Équateur a des frontières avec la Colombie et le Pérou
C'est donc un pays limitrophe à ces deux pays que tu do
deviner. Le Panama, le Venezuela, le Brésil, la Bolivi
et le Chili pourraient correspondre, mais on peut déj
éliminer le Chili et la Bolivie qui n'ont pas de côte d
côté Atlantique. Enfin, comme le pays n'est ni en ble
clair (Panama) ni en vert foncé (Brésil), il s'agit forcé
ment du pays en bleu foncé, le Venezuela.

SOLUTIONS

SOS condors

PAGE 47 :

PAGE 48 :

IL FAUT DÉPLACER L'ALLUMETTE DU PREMIER SIGNE « + » POUR LE TRANSFORMER EN « – » ET CHANGER AINSI LE 1 DU DÉBUT EN 2.

2 - 2 + 3 = 3

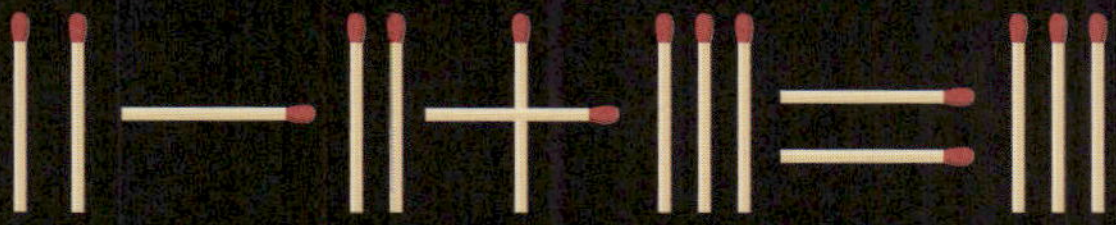

PAGE 49 :

IL TE FAUDRA 56 PIERRES AU TOTAL.

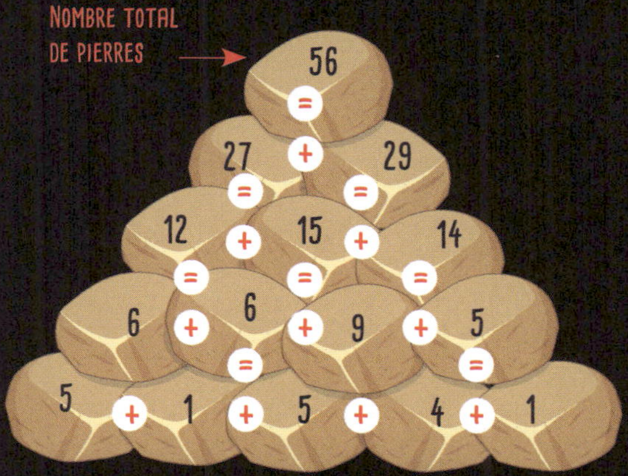

PAGE 50 :

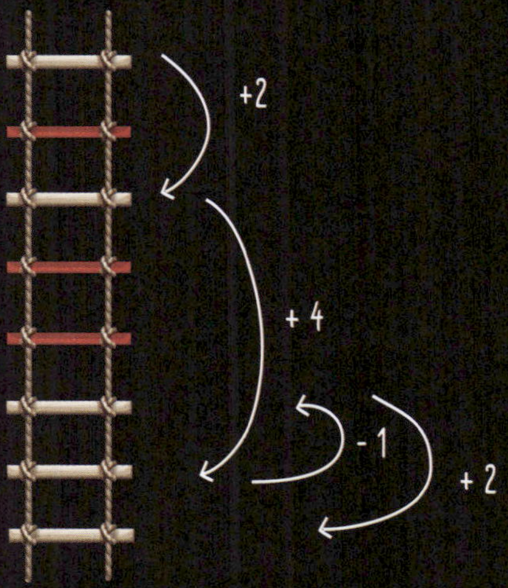

SOLUTIONS

SOS condors

PAGE 51 :

« Aller vers le sud. »

PAGE 52 :

Le code est 2-6-1-4.

Tu peux déjà deviner le deuxième chiffre grâce à l'indication d'Octavio : le poids d'une femelle = 9, la taille = 3, donc 9 - 3 = 6. Pour la suite, puisque les chiffres 3, 5, 7 et 9 n'apparaissent pas dans le code, il ne peut y avoir que les autres : 1, 2, 4 et 6. On sait grâce à la première ligne que le 1 ne va pas au début. Sur la deuxième ligne, ce sont donc les chiffres 4 et 6 qui sont bien placés. Le 1 prend donc la troisième position et le 2, par élimination, la première.

PAGE 53 :

C	O	D	E	N	D	O	C	N	A	N	D	A
A	N	R	O	A	E	S	D	E	S	E	E	S
N	D	E	O	D	A	O	R	A	O	D	S	N
E	O	S	S	N	S	D	S	C	N	D	D	E
N	R	D	E	A	N	N	O	C	S	E	O	R
E	S	N	S	O	E	A	N	O	C	D	E	D
O	C	A	A	D	D	O	R	D	N	N	E	N
D	N	O	N	A	A	D	N	E	S	A	S	R
D	A	C	D	E	D	N	E	D	N	E	D	O
N	E	S	A	S	C	O	A	A	S	N	A	N

PAGE 54 :

Cyril et Carmen ont recensé 16 + 11 + 15 = 42 condor des Andes.

16	3	2	13
5	10	11	8
9	6	7	12
4	15	14	1

PAGE 55 :

4 × 7 + 42 - 12 = 58

42 ÷ 2 + (6 × 3) = 39

128 ÷ 2 - 19 - 3 = 42

58 + 39 + 42= 139

Il y a malheureusement 11 condors en moins qu'au dernie recensement, qui avait eu lieu en 2020. Cela prouve qu cette espèce est menacée d'extinction.

SOLUTIONS

À la recherche du lynx boréal

PAGE 58 :

ESPÈCE/FAMILLE : FÉLIDÉ
POIDS MOYEN : 23KG
RÉGIME ALIMENTAIRE : CARNIVORE

PAGE 59 :

. FÉLIDÉ ; 2. CANIDÉ ; 3. CANIDÉ ; 4. FÉLIDÉ ; 5. FÉLIDÉ ; 6. CANIDÉ.
LE LYNX FAIT PARTIE DE LA FAMILLE DES FÉLIDÉS.

PAGE 60 :

PREMIÈRE ÉNIGME : LE NOMBRE CHANGE EN FONCTION DU NOMBRE DE PATTES. LE SERPENT N'EN A PAS, DONC IL EST À 0. SI LE PIC-VERT A UNE VALEUR DE 10, C'EST QUE CHACUNE DE SES DEUX PATTES VAUT 5. L'ABEILLE, QUI A 6 PATTES, A DONC UNE VALEUR DE 5 × 6 PATTES, SOIT 30, ET L'ARAIGNÉE 5 × 8 PATTES, SOIT 40. LE LYNX A DONC UNE VALEUR DE 20 (5 × 4 PATTES).

DEUXIÈME ÉNIGME : 47 ÷ 4 = 11, RESTE 3.
LES QUATRE LYNX AURONT DONC CHACUN 11 FRIANDISES, ET IL N'EN RESTERA 3.

PREMIÈRE ÉNIGME = 20, DEUXIÈME ÉNIGME = 3. UN LYNX PÈSE DONC EN MOYENNE 20 + 3 = 23 KG.

PAGE 61 :

LE LYNX EST UN CARNIVORE.

C	E	I	A	O	N	R	M	V
O	A	V	M	E	R	I	C	N
M	N	R	I	V	C	E	O	A
R	O	A	N	C	M	V	E	I
V	C	E	O	I	A	M	N	R
I	M	N	E	R	V	C	A	O
N	V	M	R	A	E	O	I	C
E	I	C	V	N	O	A	R	M
A	R	O	C	M	I	N	V	E

PAGE 62 :

NOÉ A APPELÉ LE LYNX « CHOCOLAT ».

C	F	C	A	C	T	C	H	A	T	Y	I	N	T
F	V	R	H	S	H	H	É	T	U	F	F	C	A
U	S	E	T	O	T	A	C	H	E	T	É	H	C
T	V	T	Q	E	C	V	U	Y	I	B	V	O	H
É	É	A	F	W	G	O	R	S	W	X	C	C	E
B	T	H	C	X	D	N	L	A	S	S	H	O	T
K	E	C	H	O	C	O	L	A	T	E	A	L	É
C	H	O	C	O	L	A	T	Z	T	E	T	A	R
M	C	H	A	U	S	S	E	T	T	E	D	T	F
T	A	L	O	C	O	H	C	H	C	H	A	T	E
P	T	O	L	I	U	K	J	Y	F	U	T	É	G

PAGE 63 :

CE N'EST PAS UN LYNX QUE VOUS ENTENDEZ MAIS UN RENAR
CAR C'EST LE SEUL À NE PAS ÊTRE DIFFÉRENT DU MODÈLE.

PAGE 64 :

IL S'AGIT BIEN DU LYNX. VOUS ÊTES SUR LA BONNE VOIE !

SOLUTIONS

À la recherche du lynx boréal

PAGE 65 :

PAGE 66 :

PAGE 67 :

« Prends cette caméra et va à droite. »

PAGE 68 :

Vous êtes actuellement en H8.

	1	2	3	4	5	6	7	8	9	10
A	×	→	→							
B			↓		↑	→	→			
C			↓	→	→		↓			
D							↓			
E							↓			
F					←	←	↓			
G					↓					
H					↓	→		↑		
I						↓	→	→		
J										

PAGE 69 :

Puisque les randonneuses 1 et 2 sont d'accord et qu' n'y a qu'une seule menteuse, c'est bien la randonneus 3 qui ment. Il faut donc chercher le lynx sur le chem de la fille 1.

PAGE 70 :

PAGE 71 :

Noé a eu la chance de rencontrer un chamois, mais to jours pas de lynx à l'horizon.

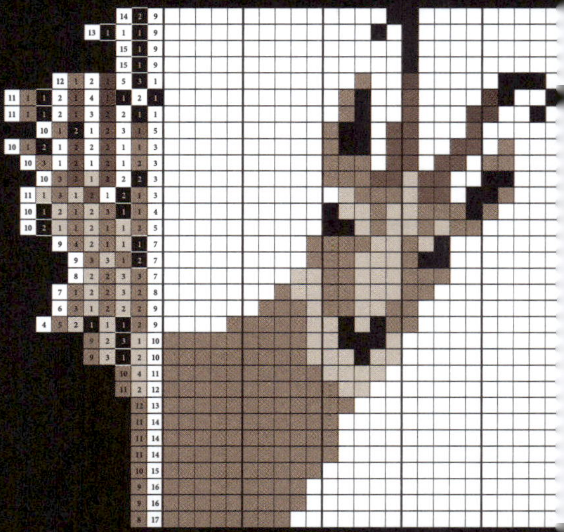

SOLUTIONS

À la recherche du lynx boréal

PAGE 72 :

LE MOT À TROUVER EST « REPOS ».

PAGE 73 :

A	B	C	D	E	G	I	L
M	N	O	R	S	T	U	V

« INSTALLER DES DÉTECTEURS DE MOUVEMENTS AUTOUR DE LA BERGERIE. »

PAGE 74 :

ON SAIT QU'UN DESSIN DE MOUTON NOIR VAUT 6 MOUTONS. IL Y A DONC 12 MOUTONS MARRONS (2 DESSINS DE MOUTONS NOIRS X 6). ON SAIT DONC MAINTENANT QUE LE DESSIN D'UN MOUTON MARRON VAUT 12 MOUTONS. ENFIN, UN DESSIN DE MOUTON BLANC VAUT TROIS MOUTONS MARRONS, SOIT 3 X 12 = 36 MOUTONS. IL Y A DONC 12 MOUTONS MARRONS + 6 NOIRS + 36 BLANCS. IL Y A EN TOUT 54 MOUTONS.

PAGE 75 :

IL FAUT SUPPRIMER TOUS LES « HA » POUR LIRE LA PHRASE CORRECTEMENT. « CHOCOLAT EST EN FAIT UNE FEMELLE, ET VU SON COMPORTEMENT, ON DIRAIT BIEN QU'ELLE ATTEND DES PETITS ! »

PAGE 76 :

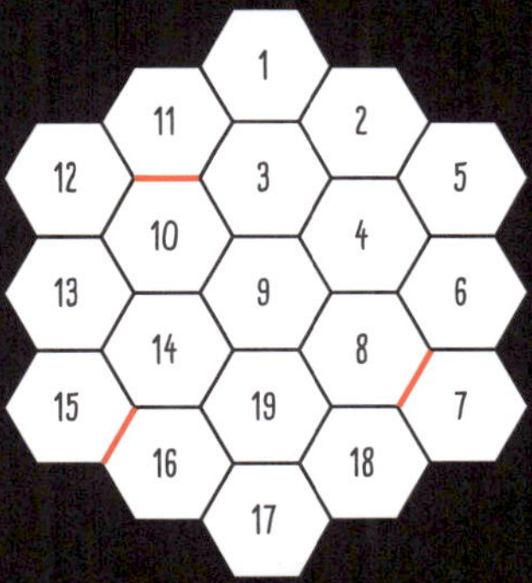

PAGE 77 :

DOMMAGE, CE N'EST PAS UN LYNX, MAIS UN SANGLIER.

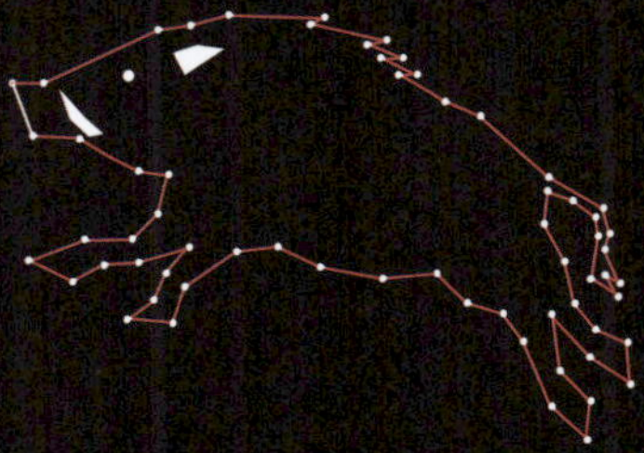

PAGE 79 :

L'ŒIL. ON DIT DE QUELQU'UN QU'IL « A UN ŒIL DE LYNX » S'IL VOIT TRÈS BIEN. POURTANT, CETTE EXPRESSION NE VIENT PAS DE L'ANIMAL ! LE LYNX N'A PROBABLEMENT PAS UNE MEILLEURE VUE QU'UN CHAT. L'EXPRESSION VIENT EN FAIT D'UN PERSONNAGE MYTHOLOGIQUE, LYNCÉE, QUI AVAIT UNE VUE PERÇANTE.

SOLUTIONS

L'enlèvement des orangs-outans

PAGE 82 :

SIGNE DISTINCTIF : BRAS PLUS LONGS QUE LES JAMBES
RÉGIME ALIMENTAIRE : FRUGIVORE
COMPORTEMENT : IL DORT 18H PAR JOUR

PAGE 83 :

« ILS ONT LES BRAS PLUS LONGS QUE LES JAMBES. »

PAGE 84 :

ON SAIT QU'UNE POMME = 3 FRAMBOISES, ET PUISQUE LA POMME VAUT 3, ALORS LA FRAMBOISE VAUT 1. AINSI UN ANANAS = 3 (POMME) + 1 (FRAMBOISE), SOIT 4. UNE PRUNE VAUT DONC 2 CAR 2 (PRUNE) + 2 (PRUNE) = 4 (ANANAS) OU 1 (FRAMBOISE) + 1 (FRAMBOISE) = 2.
(3 × 3) + (2 × 4) + 1 = 9 + 8 + 1 = 18 HEURES.

PAGE 85 :

F R U G I V O R E

PAGE 86 :

VOTRE DESTINATION EST LA VILLE DE RAMPONG.

	C	D	E	F	G	H	I	J	K	L	M	N	O	P	Q	R	S	T	U
C	C	D	E	F	G	H	I	J	K	L	M	N	O	P	Q	R	S	T	U
D	D	E	F	G	H	I	J	K	L	M	N	O	P	Q	R	S	T	U	C
E	E	F	G	H	I	J	K	L	M	N	O	P	Q	R	S	T	U	C	D
F	F	G	H	I	J	K	L	M	N	O	P	Q	R	S	T	**U**	C	D	E
G	G	H	I	J	K	L	M	N	O	P	Q	R	S	T	U	C	D	E	F
H	H	I	J	K	L	M	N	O	P	Q	R	S	T	U	C	D	E	F	G
I	I	J	K	L	M	N	O	P	Q	R	S	T	U	C	D	E	F	G	H
J	J	K	L	M	N	O	P	Q	R	S	T	U	C	D	E	F	G	H	I
K	K	L	M	N	O	P	Q	R	S	T	U	C	D	E	F	G	H	I	J
L	L	M	N	O	P	Q	R	S	T	U	C	D	**E**	F	G	H	I	J	K
M	M	N	O	P	Q	R	S	T	U	C	D	E	F	G	H	I	J	K	L
N	N	O	P	Q	R	S	T	U	C	D	E	F	G	H	I	J	K	L	M
O	O	P	Q	R	S	T	U	C	D	E	F	G	H	I	J	K	L	M	N
P	**P**	Q	R	S	T	U	C	D	E	F	G	H	I	J	K	L	M	N	O
Q	Q	**R**	S	T	U	C	D	E	F	G	H	I	J	K	L	M	N	O	P
R	R	S	T	U	C	D	E	F	G	H	I	J	K	L	M	N	O	P	Q
S	S	T	U	C	D	E	F	G	H	I	J	K	L	M	N	O	P	Q	R
T	T	U	C	D	E	F	G	H	I	J	K	L	M	N	O	P	Q	R	S
U	U	C	**D**	E	F	G	H	I	J	K	L	M	N	O	P	Q	R	S	T

PAGE 87 :

C'EST L'HÔTEL « PERDU » !

PAGE 88 :

0	0	1	1	0	1	1	0
0	1	0	1	1	0	0	1
1	0	1	0	1	0	0	1
1	0	1	0	0	1	1	0
0	1	0	1	0	0	1	1
1	1	0	0	1	0	0	1
1	0	1	0	1	1	0	0
0	1	0	1	0	1	1	0

PAGE 89 :

LA BONNE CLÉ EST LA 7.

PAGE 90 :

AURÉLIE PENSE QUE L'HOMME POURRAIT ÊTRE UN BRACONNIER.

PAGE 91 :

LE NORD EST À DROITE, LE CENTRE DE RÉINTRODUCTION EST DONC LE POINT EN HAUT À DROITE. À PARTIR DE LÀ IL EST FACILE DE DEVINER L'ORDRE DES AUTRES ÉTAPES PAR LESQUELLES PASSER.

SOLUTIONS

L'enlèvement des orangs-outans

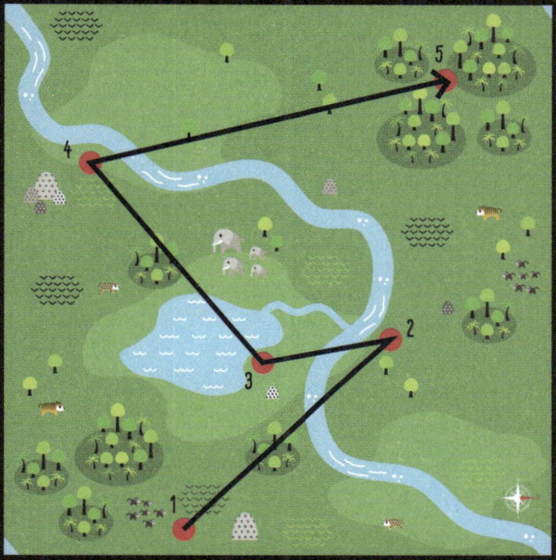

PAGE 92 :

SOIGNEUSES	ORANG -OUTAN	DIRECTION	TRANSPORT
ADILAH	SANUSI	SUD	EN BARQUE
ROHANI	NANA	OUEST	EN VOITURE
HAWA	GHANI	NORD	À PIED

PAGE 93 :

SANUSI SERA LE PLUS FACILE À RETROUVER. PUISQU'IL A ÉTÉ EMPORTÉ PAR LES BRACONNIERS EN BARQUE VERS LE SUD, IL N'A PU QUE SUIVRE LA RIVIÈRE. DEPUIS LE CENTRE DE RÉINTRODUCTION, IL FAUT ALLER VERS LE SUD, QUI SE TROUVE À GAUCHE D'APRÈS CE QUE TU AS APPRIS GRÂCE À LA CARTE DE LA PAGE 91.

PAGE 94 :

PAGE 95 :

1	●			1		0
2		1		●		
●		0	2	●	3	1
	1	1		3	●	
	0		●	3	2	
			1		●	1

SOLUTIONS

L'enlèvement des orangs-outans

PAGE 96 :

Seule la cabine, reconnaissable à ses hublots, n'est pas fléchée. Sanusi doit s'y trouver.

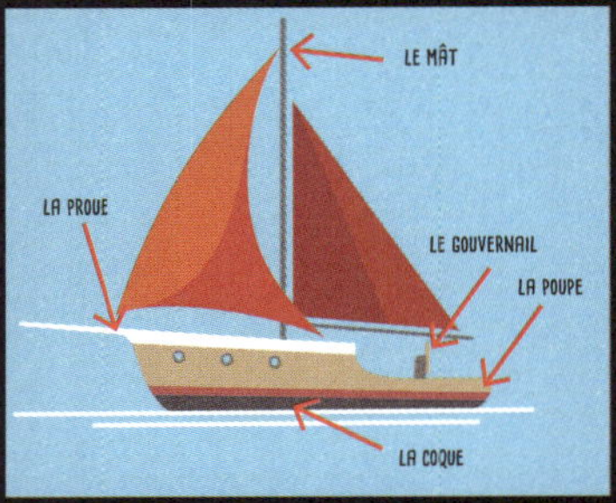

PAGE 97 :

Meulaboh (Meuh-la-beau).

PAGE 98 :

Un petit orang-outan reste environ 9 ans auprès de sa mère.

4	2	1	2	1
1	3	5	4	3
4	2	1	2	5
1	3	5	3	1
5	2	1	4	2

PAGE 99 :

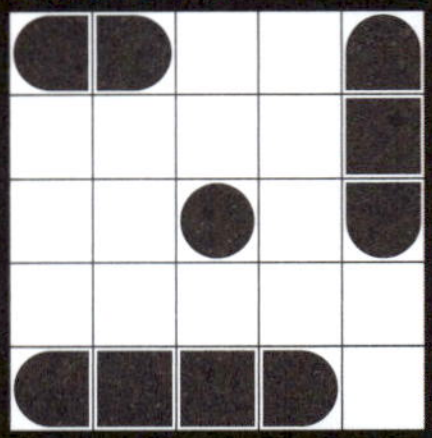

PAGE 100 :

Les deux soigneuses ont ramené un éléphanteau !

PAGE 101 :

Le ranger a vu un ours malais.

J A I M A · H A B O
\+ E T I F L A D · G D
= O U R S M A L A I S

PAGE 102 :

« Ghani a été sauvé par sa famille. » « Ghani a étés sauver part sa famille. » Il fallait lire le premier mot de chaque ligne.

PAGE 103 :

« Merci, j'ai réalisé mon rêve grâce à toi. » Chaque mot se lit en miroir, mais en restant chacun à sa place.

SOLUTIONS

La disparition de l'ourse

PAGE 106 :

Nom latin : ursus maritimus
Poids moyen : 250 kg pour les femelles
Vitesse maximale : 50 km/h

PAGE 107 :

(21 + 4) × 10 = 250 kilos.

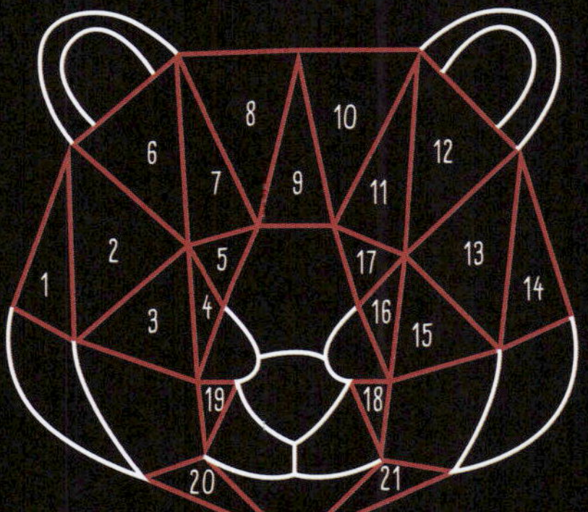

PAGE 108 :

Le nom latin de l'ours polaire est « ursus maritimus ».

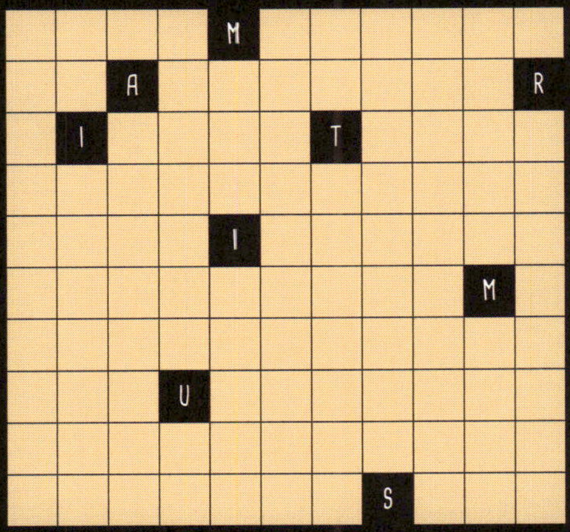

PAGE 109 :

L'ours polaire peut courir jusqu'à 50 km/h.
Tu me reçois 5 sur 5 et 5 × 10 = 50.

PAGE 110 :

PAGE 111 :

Le seul dé qui corresponde est le deuxième.

PAGE 112 :

SOLUTIONS

La disparition de l'ourse

PAGE 113 :

Le bon flacon est celui tout à gauche.

PAGE 114 :

T	O	U	C	H	E	R
		G	O	Û	T	
	V	U	E			
		O	U	Ï	E	
O	D	O	R	A	T	

PAGE 115 :

Le manchot empereur ne vit pas du tout en Arctique, mais en Antarctique, à l'autre bout du monde !

PAGE 116 :

Les chiens doivent tirer un poids total de 200 kg + 50 kg, soit 250 kg ÷ 10 = 25 donc on pourrait utiliser les 10 huskies. Mais les malamutes peuvent tirer une charge plus lourde. Si on les prenait tous les cinq, ils pourraient porter une charge totale de 5 × 35 kg = 175 kg. 250 kg - 175 kg = 75 kg restants, que peuvent tirer 3 huskies (25 × 3 = 75). Il faut donc au minimum 8 chiens : 5 malamutes et 3 huskies.

PAGE 117 :

C'est un ours blanc qui approche.

PAGE 118 :

1. Vrai, avec l'orque et le requin ; 2. Vrai ; 3. Faux, il y en a aussi à l'est du Canada et au nord de l'Europe de l'Ouest ; 4. Vrai ; 5. Faux, ils se nourrissent surtout de poissons ; 6. Vrai.

PAGE 119 :

Une fois les lettres dans l'ordre, tu obtiens le mot « TRACE ».

PAGE 120 :

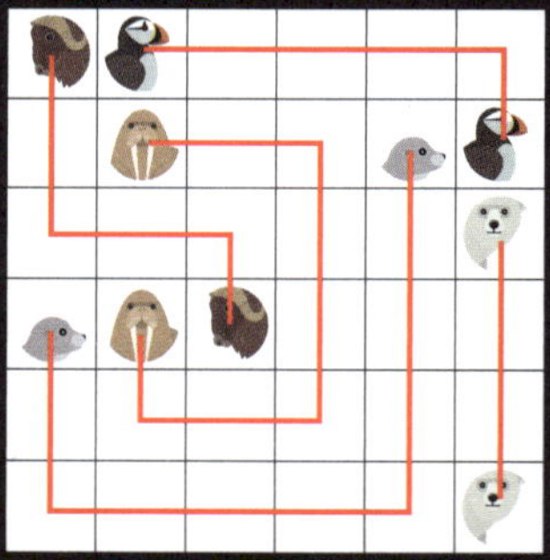

PAGE 121 :

Deux solutions possibles :

SOLUTIONS

La disparition de l'ourse

PAGE 122 :

T	R	A	P	P	E	U	R

PAGE 123 :

« VERS L'OUEST ».

PAGE 124 :

PAGE 125 :

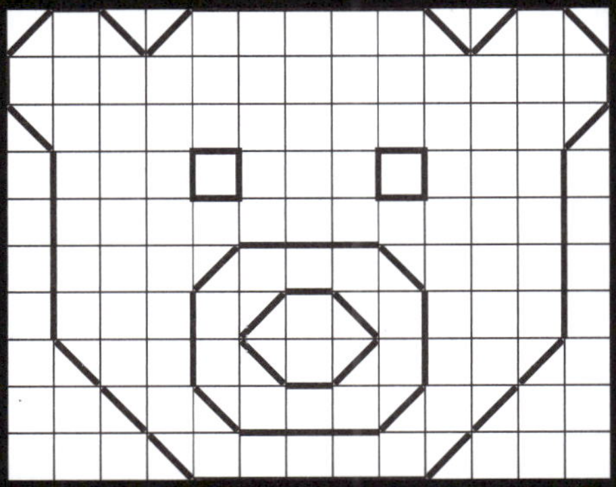

PAGE 126 :

PAGE 127 :

« BRAVO ! TU AS ACCOMPLI CES CINQ MISSIONS AVEC BRIO ET TU ES EMBAUCHÉ EN TANT QUE SOIGNEUR ! »

Achevé d'imprimer en France par Pollina - 98890
Dépôt légal : Juillet 2021 - 328213/01
N° de projet : 11046739 - Septembre 2021